論壇 22

大陸自由貿易區發展與兩岸互動
機會與挑戰

China Pilot Free Trade Zone and Cross-Strait Interactions:
Opportunities and Challenges

陳德昇 主編

序言

　　2016年3月30-31日，福州福建省委黨校召開「大陸自貿試驗區建設與兩岸經貿發展」研討會。研討會除有兩岸產官學界參與交流和對話，同時也有實務議題的探討。尤其是兩岸和平發展面臨變遷與挑戰之際，如何透過雙方經貿途徑，尋求更多元互動思路、制度創新、交流機會與商機互惠，應有利於兩岸和平與穩定格局的鞏固。

　　大陸自2013年9月29日首先設置上海自貿區，其後再於2015年4月在天津、福建與廣東部分地區設立。主要目的在於：因應全球區域整合對市場自由化訴求，尤其是美國主導之TPP對市場開放與自由化採取高標準之規範，中國大陸顯然在短期內難以符合要求。因此，透過自貿區的建置與持續擴大試驗區設立，期能落實漸進改革與市場自由化，實現市場開放與國際接軌之目標。儘管如此，當前大陸自貿區的執行績效與政策目標顯仍有差距，有待完善政策運作與貫徹改革意志。

　　對兩岸互動而言，大陸自貿區的設立與開放新格局，與台灣方面仍處於討論階段的自貿區規劃，能否在兩岸互動的新挑戰中，作為兩岸合作與信任的新平台，皆有前瞻思考與策略運作的空間。

　　福建對台商而言，不僅地緣鄰近，且具語言與文化優勢。然而，近二十餘年的台商投資，卻不及珠三角與長三角投資，其中除思想觀念認知差距外，亦有市場與腹地局限、人才不足、體制僵化與法制保障不力之缺失。不過，近年福建自貿區對台角色強化、自貿區對外與對台擴大開放，以及經濟實力的提升，皆有助閩台產業合作創造更多元和市場參與的空間。

　　這次研討會的召開，王利平教授的倡議扮演重要角色。本書共收集十一篇文章，期許這份學術參與的熱情和務實理念，能為兩岸政策思路與人民福祉，找尋更多元之生機和出路。最後，本書能順利出版，要感謝財團法人中華跨域管理教育基金會和印刻出版社的支持，在此一併表示感謝。

陳德昇

2017/4/17

目錄

◎本書感謝「財團法人中華跨域管理教育基金會」贊助出版

作者簡介（按姓氏筆畫排列）

王利平

　　華東政法學院經濟法學士，現任福建省委黨校福建行政學院法學教研部副教授、福建自貿試驗區研究院執行院長。主要研究專長為法制與中國社會轉型。

成正

　　政治學博士，現任廈門市委黨校政治學教研部講師。主要研究專長為兩岸關係和台灣政治。

朱興婷

　　經濟學博士，現任浙江大學寧波理工學院講師。主要研究專長為兩岸經貿和金融。

吳秀光

　　美國羅徹斯特（Rochester）大學政治學博士，現任台北大學行政暨政策學系兼任教授、中華跨域管理教育基金會董事長。主要研究專長為公共選擇論、博弈理論、衝突理論、東北亞地區安全政策研究。

吳佳勳

　　台灣大學農業經濟學博士，現任中華經濟研究院大陸研究所副所長。主要研究專長為中國與國際經貿政策、農業經濟、一般均衡模型分析、醫療經濟。

杜慧

　　廈門大學台灣研究院經濟研究所，現任兩岸關係和平發展協同創新中心碩士研究生。主要研究專長為台灣經濟、兩岸經濟關係研究。

林俊甫

　　英國巴斯（Bath）大學國際企業與策略管理博士，現任中華經濟研究院區域發展研究中心助研究員。主要研究專長為對外投資、國際企業組織管理、策略管理、質化研究。

唐永紅

　　廈門大學經濟學院國際經濟與貿易系國際貿易學博士，現任廈門大學台灣研究院／台灣研究中心經濟研究所所長。主要研究專長為台灣經濟與兩岸經貿關係、特殊經濟區與國際經濟貿易、科技發展與產業化研究。

孫楊杰

　　廈門大學與美國伊利諾大學芝加哥分校聯合培養管理學博士，現任福建省委黨校福建行政學院公共管理教研部講師。主要研究專長為公共服務提供機制與方式、公共服務質量評價與改進、兩岸政策比較研究。

張家春

　　美國德州農工大學農業經濟學博士，現任中國文化大學勞工關係學系副教授。主要研究專長為數量方法、計量經濟、人力資源政策、人力資源發展規劃。

陳子昂

　　清華大學應用數學碩士，現任資策會產業情報研究所資深總監。主要研究專長為新興產業發展評估、企業經營策略及財務規劃、總經分析及市

場調查。

陳德昇

政治大學東亞研究所博士，現任政治大學國際關係研究中心研究員。主要研究專長為中國政治發展、地方治理、兩岸經貿與台商研究。

廖中武

廈門大學台灣研究院政治學博士，現任福建省委黨校福建行政學院閩台關係研究中心副教授。主要研究專長為兩岸關係和台灣政治、自貿區和中華文化。

趙勝男

廈門大學台灣研究院經濟研究所，現任兩岸關係和平發展協同創新中心碩士研究生。主要研究專長為台灣經濟、兩岸經濟關係研究。

劉孟俊

澳洲蒙納士（Monash）大學經濟學博士，現任中華經濟研究院大陸研究所所長。主要研究專長為國際經濟、中國科研體制與高科技產業、國際貿易投資。

魏艾

政治大學東亞研究所博士，現任政治大學兩岸政經研究中心主任。主要研究專長為中國經濟發展理論與政策、中國外貿研究、中國財政研究。

顧瑩華

政治大學商學院國貿所碩士，現任中華經濟研究院區域發展研究中心主任。主要研究專長為國際貿易與國際投資。

自貿區發展與挑戰

大陸自貿區體制改革與TPP應對策略

劉孟俊
（中華經濟研究院大陸研究所所長）

吳佳勳
（中華經濟研究院大陸研究所副所長）

摘要

近年來隨著亞洲經濟崛起，全球經濟重心由西往東移轉，預期在未來數十年亞洲市場的經貿主導權將是全球角力的焦點。2015年10月，TPP宣布談判成功，象徵著美國的影響力重返亞太地區，更直接挑戰中國大陸的區域經貿霸權地位。另一方面，TPP、TTIP和TiSA所代表的新國際貿易、投資與服務規範的發展亦成為趨勢。對中國大陸而言，亟需轉變其經濟體制加以因應，擴大運用自貿區政策試點機制，探索對外開放策略與深化經貿體制改革，根本問題仍是轉變經濟發展模式。

本文綜整中國大陸各個自貿區的設置意涵，及其因應國際經貿規則重構的任務與發展現況。預期中國大陸會持續在自貿區政策上深化和廣化，探索投資、貿易、金融、監管、雙創、區域戰略等措施，進行體制的綜合型改革。其次，透過自貿區推動服務業市場開放，藉以加速經濟結構調整，也為服務貿易談判預作準備，並打造未來服務業國際化的基礎。第三，在「一帶一路」倡議與對外洽簽FTA與加速中美BIA策略下，自貿區政策有著為其企業「走出去」鋪路的意涵。

關鍵詞：中國、自貿區、體制改革、TPP、國際經貿規則

壹、前言

　　近年來，以歐美等先進經濟體試圖透過跨太平洋夥伴協定（The Trans-Pacific Partnership, TPP）、跨大西洋貿易與投資夥伴協定（The Transatlantic Trade and Investment Partnership, TTIP）和服務貿易協定（The Trade in Services Agreement, TiSA）等方式，形成新一代高標準、高規格的全球貿易、服務和投資規則。於國際經貿規則重構的趨勢下，中國大陸面臨法規制度國際接軌的衝擊和壓力，亟需以政策試點方式尋求有效開放並降低風險，進而形成「倒逼」體制改革的格局。

　　尤其近年隨著亞洲經濟的崛起，帶動全球經濟重心由西往東移，亞洲市場的經貿主導權預期在未來數十年仍是全球角力的焦點之一。2015年10月，TPP宣布談判成功，象徵著美國影響力重返亞太地區，更直接挑戰中國大陸大國崛起，衝擊其於亞洲經貿霸權的地位。另外，面對TPP、TTIP與TiSA等「新世代FTA（自由貿易協定）」（New Generation FTA）國際規範的高規格要求，乃至於中美雙邊投資協定（Bilateral Investment Agreement, BIA）等談判，均給中國大陸帶來對外開放與體制轉型的龐大壓力。

　　客觀而言，TPP、TTIP和TiSA所代表的新國際貿易、投資與服務規範的發展趨勢，中國大陸雖未必得立即改革與對外大幅開放加以回應。但長遠來看，如何轉變其經濟發展機制，來對應TPP、TTIP和TiSA的挑戰，才是根本問題。儘管中國大陸加入世界貿易組織（WTO）已長達十五年，但仍有許多經濟體制、法規與先進國家存在嚴重落差。在這種情況下，中國大陸設置自由貿易試驗區（以下簡稱自貿區），表面上雖是強調對外開放，但所要解決的根本問題仍是促進內在的體制變革。

　　2013年9月，首個「中國（上海）自由貿易試驗區」成立，企圖形成一系列可複製、可推廣的制度創新，後歷經一年多的體制改革，再於2014

年的亞太經濟合作組織（APEC）會議上，第二波自貿區試點正式落腳於廣東、天津、福建三省市。同時上海自貿區也在此波推動方案中進行擴區，將陸家嘴金融園區、金橋開發園區、張江高科技園區正式納入。

中國大陸國務院2015年9月發布《關於構建開放型經濟新體制的若干意見》，明確提出將全面參與國際經濟體系變革和規則制定。同年11月9日，再召開中央全面深化改革領導小組第十八次會議，審議通過《關於加快實施自由貿易區戰略的若干意見》，此份《意見》進一步明確指出中國大陸對外戰略的重點：除了關注貨品貿易等傳統內容，更強調推動「規則談判」和「制度合作」。凸顯出中國大陸正致力適應快速變化的國際貿易形勢，已逐步由傳統「接軌國際慣例」，轉向爭取「經貿規則制定權」，在全球性議題上主動提出新主張、新倡議和新行動方案，增強在國際經貿規則和標準制定的發言權。此意味著，在TPP協定完成後，中國大陸將轉而積極參與國際經貿規則制定、新一輪全球經貿體系和治理規則的重構。

本文首先簡要說明中國大陸當前所面臨的國際重要經貿情勢變化與國際經貿規則重構壓力。其後，接續分別陳述大陸自貿區實施策略與前瞻其未來可能發展，探討中國大陸擴大運用自貿區試點政策，透過體制改革尋求應對之道，並爭取市場經濟地位。最後以結論彙整本文的發現與前瞻自貿區的發展。

貳、中國大陸正面臨國際經貿規則重構壓力

在金融危機之後，全球價值鏈加速重構，歐美國家主導著「新世代」國際經貿規則。然而隨著新興經濟體和發展中國家經濟崛起，力圖爭取形成更平衡的全球治理格局。但就目前情勢而言，中國大陸在其中，仍多處被動因應角色，少有完全主導能力。

近年來隨著WTO的談判進展遲緩，各國為尋求新的貿易動能，紛紛

轉向投入區域間的經濟整合。其中除了在北美和歐洲分別已有相當高度的區域整合外，隨著亞洲區域經濟優異表現漸受國際重視，近年來歐美等國紛紛將其經濟合作觸角向亞洲各國延伸。

依據歐盟在2006年所發布的《全球化的歐洲：與世界競爭》（Global Europe: Competing in the World）的公報中，提出了歐盟將推動「新世代FTA」策略，有別於傳統FTA多為追求商品市場的進一步自由化，著重在各邊境（on-the-border）措施等相關問題，屬傳統FTA常見規範項目：包括原產地規則、技術性貿易障礙（Technical Barriers to Trade, TBT）、食品安全檢驗與動植物防疫檢疫措施（Sanitary and Phytosanitary Measures, SPS）、關務行政程序、貿易救濟等非關稅措施。

然而，在「新世代FTA」中，不僅規範前述的邊境相關措施，更強調締約國的彼此義務。其中最重要的差異點，在於新世代FTA對於非關稅措施之關切，已進一步延伸至FTA締約國的境內（behind the border），並對其境內所實施的制度法規造成直接影響。尤其過去十年，各類巨型自由貿易協定（Mega FTA）紛紛成形，TPP、TTIP、或在WTO架構下的TiSA、政府採購協定（Agreement on Government Procurement, GPA）以及資訊技術協定（Information Technology Agreement, ITA）等多邊、複邊或雙邊投資與貿易協定，其內涵已日益接近新世代FTA精神。

此種新世代FTA影響所及，不再僅是單純的貿易與產業議題，亦包括國家的整體經濟發展，乃至於文化、社會、政治等各個層面，均可能受到FTA的牽動而有所衝擊，並已逐漸形塑成新一代的國際經貿規則與架構，或稱之為代表著「高品質」、「高標準」的國際經貿規則「2.0版」。[1]

國際經貿規則重構多與全球經貿實力發生結構變化有關。2008年金融

---

[1]　Richard Baldwin, "WTO 2.0: Global Governance of Supply China Trade," *CEPR Policy Insight*, No. 64 (2012), http://www.cepr.org.

危機爆發後，世界經濟力量發生了新的變化。國際經貿規則的制定權成為各經濟大國的角力場域，各國欲藉影響國際經貿規則之訂定，爭取國家更大利益，即所謂「規則紅利」。[2] 觀察當前全球經貿規則發展趨勢，大致有以下特點：

- 透過經貿整合主導規則制定方向。此趨勢反映在全球幾個巨型FTA正快速成形，其模式多由先進國家扮演主導角色，結合發展中會員國參與，設立出一套區域內高標準的投資和服務貿易規則，形同設下進入門檻，後進者若為取得區域內市場利益，就必須接受其所設之經貿規則。

- 新的經貿規則更強調境內措施調和，關切經貿範圍更為寬廣，包括貿易、投資、服務、法規甚至跨領域議題，再如投資保護、市場競爭政策、政府管理體制透明化、企業壟斷等，都成為重要關切議題。

- 傳統議題仍持續深化。如傳統FTA關切的SPS、TBT等議題，漸隨著新經貿規則衍生出要求透明度、跨領域與新興議題相關發展。例如環保標章、碳足跡等規範，重視進口產品對人體健康與安全的衝擊等問題；再如智慧財產權的保護、產業標準的設立，均可能形成新的技術性貿易障礙，需有解決模式，避免全球貿易保護主義再起。

根據國際經貿規則發展新趨勢（如表1所示）顯示，所謂「經貿規則」，其變化趨勢仍然多元，且十分動態。新舊規則之間和制度管理模式彼此牽引，交疊發展，並透過大型化的FTA向全球輸出。

---

[2]　係指影響、參與或主導規則制定者，通過規則所獲得的有利發展條件或發展空間等。

表1　國際經貿規則發展新趨勢

	經貿規則	發展趨勢
核心議題	貿易自由化、市場准入和貿易便捷化	削除由國家監管體制衍生的非關稅貿易障礙，強調TBT、SPS措施的透明度和法規調和；簡化通關手續；貿易相關（關稅削減、貿易便捷化）等措施。
	服務業發展和服務貿易	採負面表列方式；市場投資開放，如金融服務、電信等管制性行業的市場准入。
	投資規範	外國投資和國內投資者的非差別待遇、國民待遇最低標準、投資者與所在國政府的爭議解決問題。
傳統規則深化	貿易救濟	規定與健康、安全和環保相關的要求，如歐盟《藍色指引》（Blue Guide）。
	原產地規則	趨向更為嚴格；要求按照生產程序計算。
	技術性貿易障礙	更強調環保領域、健康安全問題、智慧財產權。
境內措施深度整合	法規監管和透明度	行政與制度條款（如法律制度、國內金融監管體系），加強金融資產風險等法律調和、制度調和、合作、能力建構與發展。
	勞工標準	採用符合國際勞工組織之規定和標準。
	環境準則、綠色技術	如非法收割木材貿易，非法捕獲野生動物，加入爭端解決機制。
	智慧財產權、網路經濟	關注著作權、商標權和專利權、地理標示，如延長著作權保護時間、加強資安保護。
水平議題	政府採購	改善規則；特定部門的市場准入；開放地方層級的政府採購市場等。
	中小企業	涉及中小企業融資、智慧財產權，幫助中小企業抵禦外部風險，促進中小企業發展。
	電子商務	促進資訊跨國流通。
	公營控制企業及指定的獨占企業（國營企業）	非歧視待遇和商業考量（non-discriminatory treatment and commercial consideration）、非商業援助、透明度（transparency）、例外（exceptions）等。聚焦在分類監管原則，落實不歧視待遇和競爭中立、透明度等。

資料來源：引述自張琳（2015）[3] 及本研究整理。

---

[3] 張琳，「國際經貿新規則：中國自貿區的實踐與探索」，世界經濟與政治論壇（南京），2015年第5期，頁140-157。

參、中國大陸以自貿區先行先試迎戰TPP等新世代FTA

2015年10月4日，TPP談判結束。隨後於同年11月5日，TPP文本正式公布。[4] 其文本共計30章，協定內容從貨品貿易開始，擴展至海關和貿易便捷化、食品安全檢驗及動植物防疫檢疫、技術性貿易障礙、貿易救濟、投資、跨境服務貿易、電子商務、政府採購、競爭政策、國企、智慧財產權、勞工、環境等。從TPP各章所涉內容來看，相當清楚反映出前一小節所述之國際經貿規則的新趨勢，也包含新興領域如電子商務和資訊經濟等相關議題。綜合TPP協定主要特色，重點在於涵蓋範圍廣，且為高標準規則。

TPP內涵有著許多「WTO plus」的特性，擁有更高標準的市場開放，要求全面性的自由化，並採負面清單模式開放服務貿易。競爭政策既包括反壟斷等規定，也包括對國有企業的競爭規範。此外，對於智慧財產權保護大幅擴張，並通過「投資人對地主國爭端解決機制」（Investor-State Dispute Settlement, ISDS）。ISDS賦予締約國的企業投資人得以對投資地主國的政策措施提起訴訟，以排除企業認為違反協定規範而影響其競爭獲利的投資障礙，可能涵蓋地主國境內的環保、金融、食品安全和其他方面的管制規定。

TPP前揭要求，均可能衝擊中國大陸現有體制，使其不得不提出適當政策以為因應，自貿區試點政策因此而生。根據一般自貿區的概念，係屬於由單邊自主方式推動的自由化方式，速度最快，層次也最高。此種模式的自由化並不需要實體的封關運作，亦有別於傳統依托於港口、單純強調加工出口的貿易模式，僅需透過制度的開放或法規鬆綁即可達成目標（見圖1）。

---

[4] 完整文本可參考跨太平洋夥伴協定（TPP）專網，http://www.tpptrade.tw/intro2.aspx。

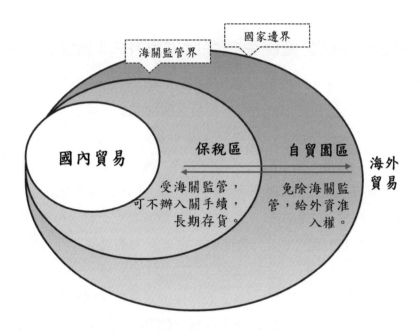

圖1　自貿區與傳統保稅區的差異

　　除此之外，具現代意義的自貿區精神及其運作過程，不僅重視貨物的自由貿易，其範疇亦包含其他服務貿易自由化、產業投資自由化，還有金融投資自由化等。參考中國大陸國務院所發布第二波自貿區《總體方案》之內容，其總體目標之設定，註明「經過三至五年改革探索，擴大開放與深化改革、加快制度創新與政府職能轉變，促進體制與國際投資貿易規則接軌等」。[5] 其內容彰顯出中國大陸企圖透過自貿區，在有限範圍（各約120平方公里）和有限時間內（三到五年），進行體制改革試驗，嘗試與國際經貿規則接軌，若將最早實施的上海自貿區政策，與TPP協定相關要求進行比較，可整理如表2所示。

表2　上海自貿區與TPP規則比較

規則	上海自貿區	TPP
市場准入原則	• 准入前國民待遇 • 負面清單管理	• 成員國國民待遇 • 最惠國待遇 • 全面負面清單 • 原產地原則
投資、貿易便捷化	• 「一線放開、二線安全高效管住、區內流轉自由」原則 • 海關貨物狀態分類管制制度 • 區內保稅存儲貨物不設存儲期限 • 放寬進出口檢驗檢疫	• 取消或削減商品關稅 • 海關管理透明化 • 清除技術性貿易障礙 • 非歧視性的臨時保護措施
服務貿易自由化	• 國際貿易單一窗口 • 內外貿一體化發展 • 支持國際中轉、集拼、分撥業務 • 簡化區內區外人員流動流程 • 風險可控下進行金融試點改革	• 市場對TPP服務供應商完全開放 • 包含了WTO及其他貿易協定中的諸項核心義務
透明度	• 政府管理由事先審批轉為事中事後管制 • 公共信用資訊服務平台 • 企業年度報告公開制度和企業經營異常名錄制度	• 關稅減讓時間表 • 供應短缺清單 • 通用TPP-wide系統 • TPP有關事項的法律和可適用的行政法規對公眾開放
磋商與爭端解決機制	• 企業和勞動者集體協商機制 • 勞動保障監察和勞動爭議處理機制 • 施行相對集中行政覆議權制度 • 依法仲裁	• 所有締約方應當致力於通過合作和協商解決爭議，並鼓勵締約方在合適的情況下採用替代性爭議解決方式 • 公證、無偏見的專家小組 • 如果締約方被認為未能履行義務的話，爭議解決機制允許使用貿易報復
智慧財產權保護	• 成立自貿區智慧財產權局 • 「先進區、後報關」制度 • 智慧財產權白名單 • 在企業信用建設中引入智慧財產權誠信內容	• 根據WTO的TRIPS*以及國際的最佳通行慣例制定了專利標準

規則	上海自貿區	TPP
勞工和環境議題	• 根據《勞動法》，保障自貿區內勞工平等就業、選擇職業、取得勞動報酬等 • 鼓勵自貿區內企業採用先進生產工藝和技術，達到國際環保標準	• 維持國際勞工組織於1998年聲明中承認的基本勞工權利 • 在最低工資、工作時間以及職業安全及健康方面進行立法規範 • 完全履行瀕危野生動植物種國際貿易公約項下義務

資料來源：引述自**開放導報**，2015年第6期[6]與本研究整理。

註：*TRIPS是指「與貿易有關的知識產權協定」（Agreement on Trade-Related Aspects of Intellectual Property Rights）。

　　儘管中國大陸試圖透過自貿區進行體制改革，但與TPP訂下的高標準經貿規則相比，仍然存在明顯落差。就市場准入而言，縱然自貿區已多方面加大開放力度，但明顯尚未能達到「全方位」、「無特殊例外」的市場開放水準。以廣東自貿區前海蛇口片區為例，其實質是採用正面清單和負面清單混合機制，根據行業特性採用不同的開放模式，特別是在金融、醫藥行業，依舊採用正面清單。

　　此外，包括中國大陸的國有企業改革進展有限，國企基本壟斷了基礎建設、電力、金融等產業，在融資方面也受到國家資源支持，明顯較民營企業享有優勢。而對於TPP加強智慧財產權保護的水準，與對勞工和環境方面提出高標準的要求，在自貿區之中似也未提出對應作法，目前只先採用國家標準。具體而言，中國大陸尚缺乏國際勞工組織（ILO）界定的工會獨立性，而在自由結社和集體談判權方面，空間都相對受限。[7]

---

[6] 中國官方，「TPP與深圳前海：自貿區規則比較」，開放導報（深圳），2015年第6期，頁79-83。

[7] 同前註。

肆、中國大陸自貿區試點功能的進一步強化

　　承接前述，TPP和TTIP乃至於TiSA或中美BIA等興起，體現了新的世界貿易規則，其內涵許多都已超越WTO規範，也設下了對於現階段中國大陸難以跨越的進入門檻。

　　綜整中國大陸此刻須面對的新規則挑戰，包括競爭條款和國有企業中立原則，對於中國大陸國有企業改革帶來壓力，而勞工標準、環境問題、智慧財產權保護，以往都是在一國主權範圍內可以獨立決策的問題。但在諸如TPP等新世代FTA架構下，不僅保護標準提升，且受到多邊規則的規範。其中並設有爭端解決機制的強制性約束，再加上法規調和所涉及的境內措施開放，更是對中國大陸的立法體系、執法程序直接提出挑戰。[8]

　　由於存在這些顯著的落差，中國大陸或已認清短期內難有加入TPP的可能，因此也逐漸轉變其對國際經貿規則的應對態度。其具體展現在2015年12月18日中國大陸國務院公布之《關於加快實施自由貿易區戰略的若干意見》，即被視為在TPP協定完成後，中國大陸對外戰略調整的觀察行動之一。其中二點尤其值得關注：

　　一是具體指明中國大陸將「推進規則談判」：結合全面深化改革和全面依法治國的要求，參照國際通行規則及其發展趨勢，結合中國大陸發展水準和治理能力，加快推動智慧財產權保護、環境保護、電子商務、競爭政策、政府採購等新議題談判。在智慧財產權保護方面，將透過自由貿易區建設，營造更加公平的智慧財產權保護環境，完善智慧財產權保護制度，加大智慧財產權保護和執法力度。在環境保護方面，透過自由貿易區建設進一步加強環境保護立法和執法工作，借鑑國際經驗探討建立有關環

---

[8] 傅麗，「世界貿易新規則體系的核心內容及中國的應對之策」，對外經貿實務（湖北），2015年第7期，頁4-8。

境影響評價機制的可行性，促進貿易、投資與環境和諧發展。在電子商務方面，透過自由貿易區建設推動產業合作，營造對彼此有利的電子商務規則環境。在競爭政策方面，發揮市場在資源配置中的決定性作用，透過自由貿易區建設完善競爭政策法律環境，構建法治化、國際化的營商環境。在政府採購方面，條件成熟時與自由交易夥伴在自由貿易區架構下開展政府採購市場開放談判，推動政府採購市場互惠對等開放。

二是「推進規則合作」：將加強跨國監管體系的資訊交換，加快在TBT、SPS、具體產業部門監管標準和資格等方面的相互承認，促進涵蓋監管體系、程序、方法和標準的體制融合，降低貿易成本，提高貿易效率。這些內涵均可解讀為中國大陸對應TPP協定所提出總體上位的應對策略。

綜上所述，依照中國大陸政策試點之精神，預期前揭各項上位發展策略，未來將逐一在各自貿區進行先行先試。以中國大陸國務院2015年10月19日發布的《關於實行市場准入負面清單制度的意見》（以下簡稱《意見》）為例，宣布將從2018年起正式實行全大陸統一的市場准入負面清單制度。尚未正式實施前至2017年底，將優先在四個自貿區及其所在省行政區先行試點。

相對大多數其他國家所實施的負面清單管理模式，多半是針對外商投資所規範，鮮少在國內市場推動市場准入負面清單，此或可作為中國大陸由社會體制轉型到市場化進程的指標。由此《意見》內容來看，未來中國大陸投資管理負面清單將分為三個層次：一是適用於境內外投資者的一致性管理措施，也就是2018年全國適用的市場准入負面清單。二是適用於境外投資者在中國大陸投資經營行為的外商投資負面清單；以及第三適用於雙邊或多邊談判的國際協定中的負面清單。總體而言，外商投資負面清單是奠基於市場准入負面清單基礎上的特殊管理措施，因此清單的排除項目會比一致性措施為長；而國際協定通常又會在外商投資負面清單上再進行

特殊規定（視談判結果而定），因此其清單長度介於前兩者之間。

　　中國大陸的第一份針對外商投資的負面清單，在2013年於上海自貿試驗區推出，特殊管理辦法共190條。經過一年多的試行及檢討後，已縮減至122項，成為第二波自貿區共用版本。而中美BIA同樣也以負面清單模式進行談判，這些均屬於外商投資負面清單的範疇。

　　而國務院此次宣告將於2018年實施的市場准入負面清單制度，則不分境內外投資者均採取一致性的管理措施。這意涵對於企業所有權來說，即2018年以後，將不分國有或民營、內資或外資，只要不在負面清單規範者均可以經營。此亦限縮政府管制範圍，除非法律授權，否則不能任意設限，如此將大幅降低投資門檻，有助鼓勵創業，發揮市場化潛力。

　　就自貿區的負面清單應用而言，目前四個自貿區共用一份負面清單，其意義在於，可維持中國大陸對內改革和對外開放的一致性，避免外商尋求最有利政策突破，最後導致各自貿試驗區之間陷入惡性競爭的惡果。

　　此時四個自貿區及其所在省市將優先取得市場准入負面清單的先行試點機會，意即該省市行政區內的境內投資主體，須遵守市場准入負面清單的要求，而境外投資主體則既要遵守外商投資負面清單，也要遵循國民待遇原則，遵守市場准入負面清單。因此展望未來天津、上海、福建及廣東四個自貿區所在省市行政區，不但擁有外商投資負面清單，亦同步展開市場准入負面清單制度改革，可構成完整的市場准入管理體系。

　　但對當地政府來說，實行市場准入負面清單後，將大幅度取消事前審批作業，政府工作重點將從事前審批轉向事中、事後監管，這對政府監管能力形成重大考驗。對此，《意見》在「保障措施」一章中列舉了諸多針對事中、事後監管措施項目，包括安全審查監管究責機制、社會信用體系和激勵懲戒機制、資訊公開制度和資訊共享制度等。這些也都是當前自貿區在外商投資負面清單試點中，正在努力轉型的事中事後監管措施。

　　綜合上述，預期自貿區的重要性將更進一步強化，有別於傳統政策試

點多以解決中國境內問題為優先，自貿區試點可能更多扮演著開放促改革，以及搭建對外產業合作平台的角色。

值得注意的是，中國大陸自貿區政策屬於一種政策「試驗」性質。長期以來，中國大陸即有著採用「試點」機制的特殊作法，係就某一政治或經濟領域，在有限的試點範圍內嘗試新政策或新制度，藉以在改革配套過程中觀察其可能產生的成本和利益。這種實驗特性給了官方可彈性依照試點結果，來擴大或是中止其試驗。[9] 基本上，中國大陸的政策試點機制有其上下合作的內涵，或被稱為「層級試驗」。「試點」計劃是中國政府在正式推出新政策或新法規前，籌備、測試和調整新政策和新法規時所採用的一種特殊工作方法，就某一政治或經濟領域，在有限的試點單位內嘗試新政策或新制度。試點計劃是推出新政策或新法規過程中的一部分，允許改革配套中觀察特定政策的改變，可能產生的成本和利益。這個計劃的實驗特性給官方當局彈性依照試點的結果，來擴大或是中止這個計劃。依據過去中國大陸試點改革的實證研究，影響其改革試點與政策擴散的重要因素，包括有以下四個層面：中央給予地方的激勵誘因、決策高層對危機的共識、改革產生的立即效益，以及地方資源的可利用性。[10]

依據上述精神，自貿區政策本質是由局部增量改革，擴及到綜合性配套的存量改革試驗。就政策領域而言，已從初期的「經濟發展為主」，慢慢將制度創新擴及的層面涵蓋「社會經濟與生活領域」。政策著重點亦發生轉變，初期試點較傾向於以政策優惠引導發展，係透過吸引外來資源的發展模式，然自貿區的改革試驗更強調由內部因地制宜，用符合中國大陸特色的制度創新模式來進行。以目前四大自貿區：上海、廣東、天津、福

9　Yi-min Lin, "Economic Institutional Change in Post-Mao China: Reflections on the Triggering, Orienting, and Sustaining Mechanisms," *Asian Perspective*, 2001, pp. 33-66.

10　劉孟俊、瞿宛文，「中國漸進式改革與試點策略：海外文獻的觀點」，海峽兩岸產業創新與合作研討會論文集（北京：中國社科院，2010年9月）。

建之目的，為探索全面深化改革路徑積累經驗。自貿區具有對外開放並銜接國內改革發展之任務，以先行試點總結可複製、可推廣的經驗，推動改革創新。

就前述討論，中國大陸自貿區採取政策先行先試，其目的是推動以下兩大體制改革任務：「建立市場配置資源新機制」與「形成經濟運作管理新模式」，將與中國大陸經貿體制改革存在重要關係。

首先，透過自貿區探索建立市場的資源配置新機制：中國大陸仍堅持社會主義市場經濟的改革方向，透過完善市場准入和監管方式，健全財產權保護、信用體系等方面的制度，促進國際國內要素有序自由流動、資源全球高效配置、國際國內市場深度融合，加快推動與開放型經濟相關的體制機制改革，建立公平開放、競爭有序的現代市場體系。

其次，透過自貿區探索形成經濟運作管理新模式：營造良好的法治環境，依法管理開放，建立與國際投資和貿易規則發展趨勢相適應的管理方式，參與國際總體經濟政策協調的機制，並推動國際經濟治理結構和國際經濟秩序朝著更加公正合理的方向發展。在中國大陸擴大對外開放中，積極推動政府行為法治化、經濟行為市場化。政府依法監管和社會廣泛參與的管理機制，同時有效維護國家利益和安全的機制。

伍、結語

中國大陸正致力於一系列社會體制轉型到市場化的過程，其中以開放促改革是關鍵手段，自貿區正是在此背景下應運而生。對應其國家戰略意圖，在中國大陸各地進行政策試點，為其深化改革和市場開放探索新思路和新途徑，打造開放型經濟新體制。

然而，諷刺的是，儘管2016年是中國大陸加入WTO的十五周年，按當年加入時簽署的《中國加入WTO議定書》，加入滿十五年後即可自動

取得「市場經濟地位」。但事實是大部分經濟強權或大國如歐盟、美國、加拿大、日本、墨西哥和印度等，仍未給予承認。一般而言，未認同中國大陸市場經濟地位之國家觀點，主要為了對抗其大量出口低價商品競爭，常採取相關反傾銷措施來保護國內產業與維持市場價格穩定。

　　2016年5月12日，歐洲議會（European Parliament）全體會議舉行投票表決，以546票反對，77票棄權，28票贊成之結果通過決議，否決承認中國大陸享有市場經濟地位。就歐盟議會之看法，一是考量歐盟企業與工會之憂慮，擔心一旦歐盟承認中國市場經濟地位後，將有更多中國商品進入歐盟市場，從而威脅歐盟企業生存、影響歐盟就業。其次則是認為，在中國大陸滿足歐盟關於市場經濟地位的五大標準[11] 之前，中國大陸對歐出口仍應按照「非標準」方式對待。儘管歐洲議會的這項決議不具有法律約束力，但如果歐盟委員會（European Commission）要承認中國大陸的市場經濟地位，仍需歐洲議會批准通過。此一事件反映，中國大陸為爭取歐盟各國承認市場經濟地位的努力面臨挫折。

　　綜合而言，有無取得市場經濟地位對於中國大陸來說，將是能否與他國在國際貿易競合走向正常化、對等化的重要里程碑。為此，預期中國大陸將以取得市場經濟地位為目標，持續運用自貿區試點，朝行政體制與市場化方向改革發展。

　　回顧中國大陸第一個自貿區於2013年9月在上海落戶，其後第二波自貿區則於2015年在天津、廣東及福建同步展開，掛牌至今已逾一年。第三波自貿區新動向正備受關注，包括重慶、四川、湖北、河南、廣西、遼寧等地，均是熱門名單，各地區莫不極力爭取入選機會，似可顯示自貿區試

---

[11] 歐盟所稱中國市場經濟地位的五大標準，指企業不能有國家干預，包括補貼與稅收優惠等；企業運行應符合國際會計準則；成本與財務狀況未受非市場體系的嚴重影響；政府不能干預企業的成立或倒閉；貨幣匯率變化由市場決定。

點的重要。現正進入擴大試點範圍，除了藉以測試相同開放政策在不同條件的地區，其成功經驗能否順利複製外，也同時擴大了中國大陸市場開放區域。配合中國大陸外貿政策的轉變，擔綱更複雜的功能和任務，包括作為「一帶一路」戰略下的具體政策工具。透過改善營商環境，構建資本輸出的服務體系，成為陸資企業「走出去」的戰略平台。展望未來中國大陸的自貿區政策，可能有以下發展：

首先，中國大陸持續擴大設置自貿區，有因應國際經貿規則重構的意涵。在新一輪的經貿談判和規則重構中，儘管推動降稅和市場開放仍為重要內容，但境內措施日益成為重點。這些境內措施包括各種國內法規調和，技術、衛生、勞工、環境標準、智慧財產權保護，競爭政策乃至於監管方式、執法行為等。強化對跨國境內措施的調整，本質上即是引入新的國際經貿規則，將其延伸並應用至國內經濟政策和管理體制之中，消除潛在的跨國貿易投資障礙。當前中國大陸經濟成長正進入轉型升級階段，在「新常態」下，需要尋找新的可持續成長動能。預期中國大陸基於試點經驗，會持續在自貿區政策上深化和廣化，探索投資、貿易、金融、監管、雙創、區域戰略等措施，進行體制的綜合配套型改革。

其次，透過自貿區推動服務業市場開放，藉以加速經濟結構調整，為服務貿易談判預作準備，並打造未來服務輸出之基礎。隨著國際經貿規則的重構，更凸顯出服務貿易和投資規則的重要性，服務貿易總協定（General Agreement on Trade in Services, GATS）發展迄今已逾二十年，期間全球服務貿易形態有著重大變化，傳統的服務貿易模式及相關規則，已不足以涵蓋服務貿易的新發展。2013年3月WTO架構下的TiSA談判正式展開，談判範圍涵蓋金融、電信、電子商務、海運、專業服務、自然人移動和國內法規等各方面，同年9月中國大陸宣布尋求加入TiSA談判，同時也在地方探索和累積服務業進一步開放經驗。國務院為此批准設立中國（上海）自由貿易試驗區，透過建立負面清單管理模式，對外商投資給予

准入前國民待遇，透過開放、學習服務業發展模式，並從中打造服務業國際化的基礎。

第三，以自貿區協助陸企「走出去」。中國大陸擴大設置自貿區，推動「一帶一路」，對外洽簽FTA與加速中美BIA，有著為其企業「走出去」鋪路的意涵。隨著中國企業「走出去」的速度加快，赴先進經濟體的投資日益增加，美國逐漸成為中國大陸企業投資目的地的重要選擇。中美BIA成為兩國間近年來最重要的雙邊經貿制度性安排。中國大陸同意以「准入前國民待遇+負面清單」為外資管理方式開展談判，充分表明探索經貿新規則的意願。此方面，對於中國大陸積極主動對外爭取生產要素有著重要關係。

第四，2016年8月31日，中國大陸新公布第三波7個自貿試驗區，其政策目的和功能似已悄然轉向，其政策目標加入了更多支援區域經濟發展與「一帶一路」倡議的功能與精神。最明顯例子如東北遼寧省此次入選，其目的設定為「著力打造提升東北老工業基地發展整體競爭力和對外開放水準的新引擎」、湖北省則為「落實中央關於中部地區有序承接產業轉移」；再如河南、陝西均強調將建設服務於「一帶一路」綜合交通樞紐或發展內陸對西部大開發帶動作用，均屬區域性的經濟開發和產業移轉為根本，已與原本強調四大自貿區的設置精神大不相同。似乎顯示中國大陸近年經濟成長趨緩，如何促進區域經濟持續成長成為當前急迫需要解決的重要挑戰，也牽動自貿區政策的策略調整與功能任務的轉型。

另值得關注的是，美國川普總統上任後宣布退出TPP，而就在川普就任時刻，中國大陸國家主席習近平出席世界經濟論壇達沃斯年會大談全球化理念。除了象徵在應對「反全球化」方面中國大陸身居重要角色之外，亦代表美國逐漸卸下世界領袖地位之際，中國大陸將趁勢崛起、填補美國留下的缺口。值此時局快速變化之際，本文預期中國大陸自貿區將在國家對外開放戰略中發揮更為重要的作用，其累積下來的可複製、可推廣之經

驗，將通過歸納總結，向其他具有類似條件和需求的地區推廣，從而放大自貿區的效益，並持續肩負著推動中國大陸建立市場配置資源新機制；形成經濟運作管理新模式等體制改革之任務，成為中國大陸對外爭取國際經貿規則話語權的重要政策工具。

參考書目

一、中文部分

中國官方，「TPP與深圳前海：自貿區規則比較」，**開放導報**（深圳），2015年第6期，頁79-83。

張琳，「國際經貿新規則：中國自貿區的實踐與探索」，**世界經濟與政治論壇**（南京），2015年第5期，頁140-157。

傅麗，「世界貿易新規則體系的核心內容及中國的應對之策」，**對外經貿實務**（湖北），2015年第7期，頁4-8。

劉孟俊、瞿宛文，「中國漸進式改革與試點策略：海外文獻的觀點」，**海峽兩岸產業創新與合作研討會論文集**（北京：中國社科院，2010年9月）。

二、英文部分

Baldwin, Richard, "WTO 2.0: Global Governance of Supply China Trade," *CEPR Policy Insight*, No. 64 (2012), http://www.cepr.org.

Lin, Yi-min, "Economic Institutional Change in Post-Mao China: Reflections on the Triggering, Orienting, and Sustaining Mechanisms," *Asian Perspective*, 2001, pp. 33-66.

福建自貿區發展成效評估與挑戰

魏艾

（政治大學兩岸政經研究中心主任）

摘要

2013年11月中共「十八屆三中全會」審議通過的《決定》，提出構建開放型經濟新體制的對外經貿發展策略。過去一年多來，自由貿易試驗區的設置、金磚國家開發銀行和亞洲基礎建設投資銀行（亞投行）的成立，以及「一帶一路」發展策略的提出引來國際社會高度的關注。對大陸而言，構建開放型經濟新體制的發展策略，一方面有拓展對外經濟空間和爭取國際經貿話語權的戰略思考，另一方面則是基於深化經濟體制改革為經濟增長帶來「制度」紅利，並加速與國際經濟體制相融和的考量。其中自由貿易試驗區更是大陸深化改革和開放的新策略，是大陸新一輪對外開放的「試驗田」。

事實上，在「十八屆三中全會」召開之前，2013年8月，大陸國務院已正式批准設立中國（上海）自由貿易試驗區，9月29日正式掛牌。在上海自貿區成立1年多之後，2014年12月12日大陸國務院常務會議決定推廣上海自貿試驗區試點經驗，並依托現有新區與園區，在廣東、天津、福建特定區域再設三個自由貿易園區，以上海自貿試驗區試點內容為主體，結合地方特點充實新的試點內容。在四個自貿區中，由於福建自貿區被賦予增強閩台經濟關聯度，率先推進與台灣地區投資貿易自由化的特定任務。因此，福建自貿區的功能規劃及其未來的發展對兩岸經貿關係的發展，將具有其特定的意涵。

關鍵詞：福建自貿區、十八屆三中全會、TPP、TTIP

壹、自貿區建設在大陸對外經貿的政策意涵

1990年代中期以來，隨著WTO的成立，經濟全球化已成為世界經濟的潮流，但是由於WTO多邊談判延宕，世界各國一方面積極致力於經濟結構的調整，健全經濟體制，以面對開放市場的壓力；另一方面，透過各種不同的方式推動區域經濟整合，進行廣泛的經濟合作，以提升經濟競爭力，以致形成各類型區域經濟合作組織和自由貿易區協議的發展，改變國際產業分工格局，對地區的經濟發展造成嚴重的衝擊。

國際經貿的另一發展趨勢，則是隨著社會變遷、產業轉型，服務業重要性逐漸增加。從服務業的產業結構看來，隨著世界經濟的發展，服務型經濟社會形成的過程中，具有高技術含量的現代服務業比重逐步提高。目前西方已開發國家現代服務業占服務業的比重高達70%左右。

服務貿易的發展水準基本上是取決於一國的經濟發展階段、資源稟賦差異、貿易模式變化和政府政策支持等四個面向，而經濟發展階段是最根本的決定因素。從發展階段和產業結構方面來看，國際分工產業鏈上，已開發國家憑藉其在後工業化經濟發展階段所累積的服務業競爭優勢，把持現代化服務產業鏈高端，制約開發中國家只能處於製造業產業鏈低端。換言之，一個國家的長期經濟增長，最主要靠的是技術進步與管理模式的不斷創新和產業的不斷升級，進而占據國際分工產業鏈的高端，以致不論商品貿易抑或是服務貿易，均存在國際分工不均衡狀態，並且是長期以來貿易協商和談判關注的重要議題，這是世界各國均需面對的問題。

大陸服務業與服務貿易發展嚴重滯後，需要引入競爭，促進其加快發展。2014年大陸服務業在國內生產總值（GDP）中所占比重僅48.2%。同期，服務貿易僅占大陸對外貿易總額的11.7%，遠低於世界服務貿易占世界總貿易22%的水平。[1] 以金融業為例，大陸已經是全球性的經濟大國，但是大陸經濟也正處於轉變經濟發展方式，加快結構調整過程中，亟需培

育戰略性新興產業，加快科技成果產業化。此一發展需要有健全的金融體系支持，但是目前大陸的金融體系還存在不少潛在風險，這主要包括貨幣總量大、企業槓桿率過高、地方政府進入償債高峰、部分影子銀行擴張過快等。[2] 防範和化解金融風險，除了控制新增貨幣供給，採取措施確保不發生區域性、系統性金融風險外，深化金融體制改革，擴大金融業開放，有其必要。

　　過去十年來國際貿易的另一重大轉變則是高規格、高標準成為國際貿易的主要規範。傳統的區域一體化協定以降低關稅和配額的政策為主要目標，是在多邊貿易自由化外的一種雙邊、區域經貿合作機制。近年來WTO談判延宕，在美國和歐盟等國家的引領下，自由貿易區建設在經濟全球化和地緣政治格局中的意義明顯提升。一方面，自由貿易區成為已開發國家在世界經濟格局謀求有利地位中的戰略平台；另一方面，自由貿易區協定成為國際貿易新規則的推進談判平台。1990年代中期以來，區域經濟整合呈現要求更高市場開放度和規範性的更高標準貿易規則。[3] 這些規則主要是邊境內規則，目的是消除那些專屬於國家管轄、制約跨境貿易和服務轉移的法律和管制政策行動，透過區域合作來降低國內管制政策所導致的市場分割。[4]

　　美國借助TPP推動其新亞太政策，全面介入亞太區域經濟整合進程和分享亞洲經濟高速增長收益；歐盟透過TTIP協定談判，鞏固與美國的戰

---

[1] 李鋼、聶平香、李西林，「新時期我國擴大服務業開放的戰略與實施路徑」，國際貿易（北京），2015年第2期，頁4-9。

[2] 「大國經濟與大國金融」，經濟導報（香港），2015年第6期，頁1。

[3] 樂艷，「構建開放型經濟新體制框架下的國際貿易新戰略」，國際貿易（北京），2015年第2期，頁17-21。

[4] 全球規則談判重心已由20世紀的貿易規則、貨物貿易、實體貿易、關稅壁壘、邊境措施、自由貿易和經濟標準等議題，轉移為21世紀的投資規則、服務貿易、數位貿易、監管壁壘、境內措施、公平貿易和價值標準等新議題。

略聯盟，維護兩大經濟體在國際經貿發展中的戰略主導地位；日本透過同時參與TPP、區域全面經濟夥伴關係（RCEP）、中日韓自由貿易區談判來謀求亞太經濟格局中的有利地位。

　　TPP是由美國主導的跨區域經濟組織。一般認為，美國參與TPP的主要目的，[5] 一是為其重返亞洲提供機會，提高美國在亞太地區的影響力和控制力；二是作為試驗自貿區新模式的機會，有助於建立21世紀FTA的新標準；三是為美國提供打開國外市場，擴大出口的機會；四是抑制中國大陸在亞太地區區域合作的作用，削減大陸的經濟競爭力；五是從雙邊或區域的角度確定貿易規則，再推向多邊，達到改造世界貿易多邊體制的目的。

　　美國主導下的TPP協商，被賦予構建「可持續的21世紀貿易框架」的重任，將顯現出美國全面、高標準的經濟利益，除了全面削減貨物貿易、服務貿易以及投資等方面的壁壘外，在TPP中，除了傳統的製造業產品、農產品、紡織品、服務貿易、投資等議題，與市場准入有關的內容還涉及原產地規則、技術貿易壁壘、衛生與植物衛生措施、海關程序、競爭政策、智慧財產權、電子商務、政府採購、透明度、勞工、環境等領域。[6]

　　美國與歐盟的TTIP協定，在具體規範方面，將是一個具前瞻性的FTA。除了削減關稅外，也將著重在非關稅措施、產品認證、投資保障、智慧財產權、勞工、環保、政府採購、農業及服務業市場開放等項目。除此之外，也會納入有關基因改造之農產品，以及因應貿易環境惡化之新興議題，涵蓋範圍絕對不會低於TPP。換言之，在歐美等區域大國的主導和影響下，這些跨區域經濟整合正朝向更高標準的貿易和投資協議發展，並

---

[5] 薛榮久、楊鳳鳴，「跨太平洋夥伴關係協定的特點、困境與結局」，國際貿易（北京），2013年第5期，頁49-53。

[6] 孟夏、宋麗麗，「美國TPP戰略解析：經濟視角的分析」，國際貿易（北京），2013年第3期，頁87-92。

將重塑未來國際貿易的規範。[7]

面對國際經貿形勢和格局的轉變，作為全球第二大經濟體的中國大陸，其外貿體制和外貿形勢卻無法配合國際環境轉變的新機遇，形成參與國際競爭的新優勢，以提升大陸經濟在全球生產價值鏈的地位，促進大陸經濟發展方式的轉變，主要原因在於：[8]

第一，外貿體制存在嚴重缺失，貿易便利化不足，通關程序複雜，監管部門信息不能共享，貿易成本增加，削弱了大陸產品的出口競爭力；關稅結構不合理，以及應對國際貿易摩擦和對外談判能力與機制有待加強。

第二，外資領域的主要問題：一是服務領域開放不足，根據《中國加入WTO議定書》，160個服務子部門，大陸承諾開放的約為100個左右，但完全開放的不到30個部門。二是外資管理體制與已開發國家普遍實行的「負面清單」式管理理念和方式不一樣，在投資協定談判中面臨較大的壓力，現行審批管理內容不合時宜，審批程序複雜。三是投資軟環境仍存在較大改進空間，包括政策透明度、穩定性與可預見性較低，法律法規執行的標準不統一，行政事業性收費不夠規範等。

第三，對外直接投資體制主要問題為大陸現行對外直接投資管理體制落後，管理主體多元，管理範圍交錯，權限職責不清，政策的系統性差，管理體制中的一些深層次矛盾制約企業走出去，需進一步深化改革。

經濟體制的落後和缺失也阻礙了大陸參與全球區域經濟整合的進程。根據大陸的統計顯示，大陸目前所簽署的12個FTA中，有9個FTA的簽約

---

[7] 根據TTIP所設定的談判目標，主要有下列八項，亦即：1.進一步開放市場。2.增進美歐投資關係。3.消除所有貿易關稅。4.妥善解決非關稅壁壘問題，包括阻礙農產品流動的貿易壁壘。5.增進服務貿易市場准入。6.減少監管與標準方面的差異。7.制定全球關注的規則、原則與新型合作方式，包括智慧財產權和市場機制等議題。8.促進提高中小企業的全球競爭力。倪月菊，「『經濟北約』重塑國際貿易格局」，人民日報，2013年7月25日，版23。

[8] 孟祺，「涉外經濟體制改革的路徑研究」，經濟體制改革（四川），2014年第3期，頁21-24。

對象均為亞太地區中小型經濟體，其中經濟總量最大的瑞士GDP總量2013年排名全球第20位。而在目前談判的FTA對象國中，經濟總量最大的澳洲，2013年的GDP也僅排在全球第12位。與此同時，大陸與印度、美國、巴西、歐盟等全球性和區域性大型經濟體的FTA談判基本沒有啟動。與大陸相比，韓國已經和美國、歐盟、印度、澳洲、加拿大等五大經濟簽署了FTA，其他簽約對象也均為地區的主要經濟體，如土耳其經濟總量排名全球第17位，在中東地區排名第一，哥倫比亞則是南美第三大經濟體。[9]

　　早期大陸所簽署的FTA基本上集中於關稅減讓、原產地規則、技術壁壘、服務貿易和投資等傳統領域。大陸經濟發展水平的不斷提高，所簽署的FTA覆蓋領域也在逐步拓寬，已經涉及知識產權、環境等非傳統領域議題，但是就大陸的經濟和外貿體制而論，它實在無法適應國際經貿形勢和格局的演變，經濟體制的全面深化改革已勢在必行。

貳、四個自貿試驗區設置任務和功能劃分

　　面對國際經貿發展趨勢所帶來的壓力，近年來大陸已積極調整其經濟發展策略，並已充分反映在2013年11月「十八屆三中全會」所審議通過的全面深化改革的《決定》。《決定》中有關構建開放型經濟新體制的主要政策和措施包括：第一，加強服務貿易發展，主要是推進金融、教育、文化、醫療等服務領域有序開放，開放育幼養老、建築設計、會計審計、商貿物流、電子商務等服務業領域外資准入限制，進一步開放一般製造業。第二，建立上海自由貿易試驗區，為全面深化改革和擴大開放探索新途徑，積累新經驗。在推進現有試點基礎上，選擇若干具備條件的地方發展自由貿易園（港）區。第三，積極推動自由貿易區戰略，強調堅持世界貿

9　李大偉，「建立面向全球的高標準自貿區網絡的思路與對策」，國際貿易（北京），2015年第5期，頁24-30。

易體制規則，堅持雙邊、多邊、區域次區域開放合作，擴大同各國各地區利益匯合點，以周邊為基礎加快實施自由貿易區戰略。第四，全方位推進區域經濟合作，主要是要加快沿邊開放步伐，建立開發性金融機構，加快同周邊國家和區域基礎設施互聯互通建設、推進絲綢之路經濟帶、海上絲綢之路建設，形成全方位開放新格局（參見表1）。

2013年8月，大陸國務院正式批准設立中國（上海）自由貿易試驗區，9月29日正式掛牌。上海自貿區是大陸深化改革和開放的新策略，是大陸新一輪對外開放的「試驗田」，是以開放促改革的新特區。透過設立自貿區，大陸可以在一個相對可控的範圍內，藉由推進投資管理和服務業開放的試點改革，探索與國際規則接軌的發展機制，逐步形成應對國際貿易規則變化的緩衝區和示範區，從而有助於大陸進一步提升應對TPP和TTIP的主動性，為未來融入國際貿易建立新機制。

在上海自貿區成立一年多之後，2014年12月12日大陸國務院常務會議決定推廣上海自貿試驗區試點經驗，並依托現有新區與園區，在廣東、天津、福建特定區域再設三個自由貿易園區，以上海自貿試驗區試點內容為主體，結合地方特點充實新的試點內容。2014年12月28日，大陸全國人大常委會通過廣東、天津、福建三個自貿區的總體方案以及擴展上海自貿區暫時調整有關法律規定，推動第二波自貿區的試點計劃。

建設上海自貿試驗區是大陸的重要國家戰略。所賦予的五大任務是：加快政府職能轉變、積極探索管理模式、促進貿易和投資便利化、為全面深化改革和擴大開放探索新途徑、積累新經驗。其中，重點發展服務業的擴大開放、強化服務業的外人投資，以及發展先進製造業及生產性服務業（參見表2、表3、表4）。

根據大陸官方的訊息，上海自貿區實施二年多來，所確定的各項改革開放措施全面推展，以負面清單管理為核心的投資管理制度已經基本建立；以貿易便利化為重點的貿易監管制度有效運行；以資本項目可兌換和

金融服務業開放為目標的金融創新制度有序推進；以政府職能轉變為核心的事中事後監管制度也已經初步形成。透過大膽嘗試，簡政放權等改革效應正在逐步顯現，激發了市場主體活動，提高了政府職能，探索了適應更加開放新形式的管理模式，形成了一批可複製、可推廣的改革創新成果，為在全大陸範圍內深化改革和擴大開放探索了新途徑，積累了新經驗。[10]

　　至於廣東、天津和福建等第二波自貿試驗區，大陸方面也設定其總體發展目標、主要任務和措施及功能劃分（參見表2、表3、表4）。廣東自貿區以廣州南沙、深圳前海、珠海橫琴三大平台為基礎，立足於大陸內地與港澳經濟深度融合，以制度創新為核心、以深化粵港澳合作為重點，依托港澳、服務內地、面向世界，建設粵港澳深度合作的示範區，作為「21世紀海上絲綢之路」的重要樞紐和全大陸新一輪改革開放的先行地。[11]

　　天津自貿區的主要特色，對大陸內部而言，將推進京津冀協同發展，重點發展航空航天、裝備製造、新一代資訊技術等高端製造業和研發設計、航空物流等生產性服務業，以及發展以金融創新為主的現代服務業；對外，將配合「一帶一路」的國家建設戰略，發揮作為亞歐大陸橋重要的東端起點，以及配合中共推動高質量自由貿易協定戰略，突破傳統制度，先行先試構建符合國際化和法治化的開放型經濟新體制，特別對接中韓自貿協定，屆時將加快與韓國的投資與貿易交流合作。[12]

　　至於福建自貿區則是由福州、廈門、平潭三地聯合申報而獲得批准。相較於上海自貿區，福建自貿區在複製上海自貿區的經驗上又具有自身的特色，亦即在對外方面，福建自貿區將重點面向台灣，實現海峽兩岸更緊

[10] 「商務部正協助新自貿區制定方案」，中國外資（北京），2015年第1期，頁13。

[11] 蔡春林，「廣東自貿區建設的基本思路和建議」，國際貿易（北京），2015年第1期，頁15-21。

[12] 盛斌，「天津自貿區：制度創新的綜合試驗田」，國際貿易（北京），2015年第1期，頁4-10。

密的經貿聯繫，特別是希望能承接台灣高端產業轉移。[13]此外，福建自貿
區亦期望能拓展與21世紀絲綢之路沿線國家和地區交流合作的深度和廣
度。

「一頭熱」一直是大陸社會經濟的病態風潮。正如過去二十多年來，
多類技術開發區和產業科技園區建設「要政策、爭優惠、搶招商、占資
源」的思維方式和工作方法一樣，自上海自貿區成立之後，大陸各地也爭
相爭取設置自貿區，[14]反倒使中共中央領導人的改革任務和創新試點的原
意被淡化。為使自貿區建設不致成為試點地區競相爭奪的「政策窪地」，
乃至最後被看成中看不中用的「盆景」，耽誤自貿區的建設，並且可能對
新一輪改革造成人為的障礙和負面的影響，因此，中共中央一再強調中國
版的自貿區，不可能再停留在「加工製造+轉口貿易」如此狹隘的層面。
事實上，上海自貿區設立之時，中共決策層就意在將其打造為新一輪深化
體制改革的突破口，但是經濟體制的改革和政府職能的轉變絕非一蹴可
成，它必須經歷試誤的階段。

根據大陸的資料顯示，上海自貿區實施二年多，截至2015年底，有新
設外資企業超過5,000家，投資總額達800億美元，對境外投資共計628個
項目，其中86個為增資項目，顯現境外投資逆轉良好。[15]而這些成績被認
為並非依靠所謂的政策優惠，而是更多得益於一系列具有深遠意義的政策
創新：負面清單探索投資管理新模式、以開放推進政府職能轉變、推動貿
易便利化和轉型升級、加快金融創新的貢獻。[16]但是在上海自貿試驗區的
這些亮點背後，有論者認為，上海自貿試驗區的推出，時間緊、任務重、

[13] 林曉偉、李非，「福建自貿區建設現狀及戰略思考」，國際貿易（北京），2015年第1期，
頁11-14。

[14] 「讀懂自貿區」，瞭望新聞周刊（北京），2014年6月2日第22期，頁24-35。

[15] 廖凡，「上海自貿區制度建設還要做什麼」，經濟參考報，2016年1月5日，版8。

[16] 「『自貿區』再造改革開放新高地」，瞭望新聞周刊（北京），2014年12月8日第49期，頁
30-31。

目標多，而且涉及中央、部門和地方各方面的法權、事權和利益調整，協調難度極大，很多結構並未突破。同時，上海自貿區重點在於服務業改革開放，涵蓋金融、航運、商貿、專業、文化和服務六大部門，涉及數十個行業，在改革開放的重點仍不夠清晰，因此對於上海自貿區的預期溢出效果持保留態度。[17]

　　以涉及政府職能轉變而備受關注的負面清單為例，上海自貿區的一大重任，便是透過負面清單管理釐清政府與市場的邊界，營造公平競爭、自由開放的國際化經營環境，依《中國（上海）自由貿易試驗區外商投資准入特別管理措施（負面清單）（2013年）》規定，列明上海自貿區吸引外商投資的負面清單分類編製包括國民經濟18個經濟行業門類，涉及89個大類、419個中類和1,069個小類；特別管理措施具體到小類共190項，占比17.8%，其中禁止類38項、限制類152項。[18] 但是負面清單卻也存在管制類別項目的質量、不同性質企業存在財稅制度的隱性壁壘，以及投資准入的標準等問題。[19] 此外，政府監管也面臨嚴重的挑戰。首先，在理念上，政府部門「對審批很迷戀、對監管仍很迷茫」。其次，就體制而言，市場監管職權橫向和縱向分割，職責難以釐清，風險難以管控。其三，從效果看，市場監管職能的發揮，可能會在「放任」和「管死」之間反覆。[20]

---

[17] 王海峰，「上海自由貿易試驗區進展、問題和建議」，宏觀經濟管理（北京），2015年第1期，頁73-75；丁國杰，「中國（上海）自由貿易區影響效應分析」，宏觀經濟管理（北京），2014年第6期，頁49-51。

[18] 禁止項目涵蓋文化產業、互聯網、金融、文物、房地產等各個行業，包括禁止投資文物拍賣，禁止投資文物商店，禁止鹽的批發，禁止投資經營因特網（Internet）數據中心業務，禁止直接或間接從事和參與網路遊戲運營服務，禁止投資經營性學前教育、中等職業教育、普通高中教育、高等教育等教育機構。

[19] 劉輝群，「中國（上海）自由貿易試驗區的外資市場准入研究」，經濟體制改革（四川），2014年第5期，頁25-28。

[20] 胡穎廉，「強化負面清單模式下的事中事後監管」，瞭望新聞周刊（北京），2014年9月29日第39期，頁36-37。

　　上海自貿區的試驗是確定要探索可複製可推廣的經驗，實現在全大陸範圍內的大範圍「移植」。目前上海自貿區已有21項制度在全大陸複製推廣。其中，投資管理方面有六項、貿易監管方面有九項、金融創新方面有六項。[21] 但是這些包括投資、貿易、金融、服務業開放和事中事後監管業務，除涉及法律修訂事項外，在行政體制上的配合和執行的落差，勢將制約這些領域的改革成效。

　　行政區隔、經濟和產業發展的差距也將制約自由貿易區規劃的協調與整合。天津自由貿易區的總體發展目標之一，便是要在京津冀協同發展和大陸經濟轉型發展中發揮示範引領作用（參見表2）。過去幾年來，這三個行政區在發展上已進行多次的協調，並希望在交通一體化、大氣治理、產業合作三方面實現突破。但是長期以來，京津冀地區經濟發展極不均衡，行政壁壘嚴重阻礙了資源要素的自由流動。產業發展各自為政，區域市場被割裂。域內城市交通、環境等問題突出，發展面臨嚴重桎梏。就北京而言，隨著人口急遽增長，北京市運轉壓力已近極限，具有非常迫切需要化解城市壅堵和環境惡化的產業和職能。就河北而言，由於區域內的發展一直相對落後，因此承接北京轉移出來的產能有其積極性，但迫於環境和產業結構的壓力，也受到限制。至於天津，一來基於自身發展的前景，對北京需要轉移的產業和職能興趣不大，而且在建設港口航運和金融中心等方面也有其規劃，[22] 這些問題都將使京津冀協同發展受到限制。

---

[21] 「上海自貿區『苗圃』效應漸顯」，瞭望新聞周刊（北京），2014年12月15日第50期，頁50-51。

[22] 「京津冀首攻省際利益堡壘」，瞭望新聞周刊（北京），2014年6月23日第25期，頁29-32；「『京津冀協同發展』上位國家戰略」，瞭望新聞周刊（北京），2014年12月8日第49期，頁26-27；傘鋒，「推進京津冀三地協同發展」，宏觀經濟管理（北京），2014年第5期，頁38-40。

參、自貿試驗區建設成效及其影響

　　大陸推動構建開放型經濟新體制，包括設置自由貿易試驗區、金磚國家開發銀行、亞投行和「一帶一路」的發展策略，其中，除了福建自貿區具有濃厚的對台戰略意涵外，基本上此一發展策略有大陸本身的內外在環境考量，甚至有其爭取國際經貿話語權的深切構思，而這些自貿試驗區建設前期確實已呈現相當的成效。

　　建設上海自貿試驗區是當前大陸的國家戰略。根據上海自貿區的總體方案，上海自貿區設立的五大任務是加快政府職能轉變、擴大投資領域的開放、推進貿易發展方式轉變、深化金融領域的開放創新、完善法制領域的制度保障等。上海自貿試驗區是大陸未來加大經濟對外開放的重要「試驗田」，較國際普遍意義上的自貿園區有更深層次的內涵，其獨特內涵為：是服務業，不是製造業；是試驗田，不是經濟特區；是制度創新，不是政策窪地。

　　上海自貿試驗區更是推動政府職能轉變的核心，目前正藉由「負面清單」、企業備案制和「一線徹底放開、二線安全高效管住」的創新監管模式，期能以「開放來倒逼改革」。目前自貿試驗區的新舉措包括：區內企業註冊實行「一口受理」；[23] 實施與國際接軌的商事登記制度；實行負面清單；積極推進海關監管模式創新；搭建企業信息共享基礎數據庫。[24] 由於這些政策和措施將可複製到大陸其他地區，也成為評估投資環境的重要指標。

　　上海自貿試驗區是打造中國經濟「升級版」，其總體發展目標是要形

---

[23] 「一口受理」意指只要提交一份「投資者備案申請和承諾書」，在一個窗口就可以實現各個環節的內部流轉，企業註冊時已從過去全大陸平均的29天縮短到4天。

[24] 紀慰華，「試論以上海自貿試驗區為契機推動浦東新區政府職能轉變」，經濟體制改革（四川），2015年第1期，頁80-84。

成與國際投資貿易通行規則相銜接的制度創新體系，而產業的規劃是要發展現代服務業和高端製造業，其發展是面向國際，台商將面臨激烈的競爭壓力，再加上近年上海投資環境已經出現明顯轉變，因此，除了原已進駐上海的資訊科技產業、大型連鎖業、金融業、個人服務業等相關產業外，台商欲進駐上海已相當困難，更遑論自貿區內。

天津自貿試驗區總體方案是以上海自貿區的試點內容為主題，結合區位特點、產業基礎等地方特色。依目前的規劃，天津自貿區重點發展航運物流、融資租賃等現代服務業、航空航天、裝備製造、資訊技術等高端生產性服務業，但是由於天津自貿區的區位特點，將對接中韓自貿協定，台商在天津自貿區的投資經營將面臨激烈的競爭壓力。至於中共中央推動京津冀協同發展與京津雙城連動發展的政策規劃，由於面臨諸多整合的問題，短期間難見成效，惟此一區域協同發展已被中共列為重點實施的三大戰略之一，對台商而言定然有相當的商機。此外，天津積極爭取在「一帶一路」的全方位開放格局中扮演樞紐角色的發展策略，其可能的影響極值得關注。[25]

廣東自貿試驗區的產業規劃主要發展航運物流、特色金融、國際商貿、高端製造、現代物流等生產性服務業，以及旅遊休閒健康、商務金融服務業。其發展的功能定位為立足於大陸內地與港澳經濟深度融合，以深化粵港澳合作為重點，建設粵港澳深度合作示範區，同時也將在「21世紀海上絲綢之路」扮演重要角色。[26] 由於廣東自貿區以廣州南沙、深圳前海、珠海橫琴三大平台為基礎，深化與港澳的合作，除了台灣具競爭力的大型企業與港澳企業採取聯盟的投資方式，一般台商將不具競爭優勢。

---

[25] 盛斌，「天津自貿區：制度創新的綜合試驗田」，國際貿易（北京），2015年第1期，頁4-10。

[26] 蔡春林，「廣東自貿區建設的基本思路和建議」，國際貿易（北京），2015年第1期，頁15-21。

　　大陸建設的四大自貿區都是台商密切往來的重要據點，其中又以地緣最近的福建自貿區影響最大，幾乎聚集了大陸對台所有優惠政策，成為對台工作的重點。根據福建自貿區的規劃，在福州、廈門、平潭三個片區分別要建設先進製造業基地，推動21世紀海上絲綢之路沿線國家和地區交流合作平台；兩岸新興產業和現代服務業合作示範區，兩岸區域金融服務和貿易中心；兩岸共同家園和國際旅遊島。為推進這些發展目標，福建省確實積極提出若干合作方案，包括高技術產業、服務業、海洋產業、旅遊業等（參見表4）。近來福建已提出若干包括閩台產業交流、對台服務、金融合作和便利人員往來的深化兩岸經濟合作舉措（參見表5）。期望將福建自貿區「一區三片」與台灣的自由經濟示範區對接，形成閩台協同經貿圈。但是這些合作規劃經常陷入兩岸間敏感的政治議題中，缺乏政府間的溝通，難以發揮交流合作的效果。惟在市場經濟驅動下，只要符合政府法令規範，對相關領域的台商仍具投資的吸引力。

　　除了上海自貿試驗區之外，自2015年4月21日正式掛牌以來，目前第二批自貿區運行時間尚短，到2016年第一季才滿一周年。但是依大陸方面所公布的數據顯示，截至2015年9月底，廣東、天津、福建自貿區設置企業4.5萬家，同比增長2.2倍。各自貿區差別化定位也很明顯，天津自貿區新增租賃企業1,292家，飛機、船舶、海工設備租賃資產總額累計達330.6億美元；福建自貿區吸引合同外資額同比增長七倍；廣東自貿區引進註冊資本一億元以上的項目508個，十億元以上項目145個。此外，擴展區域後的上海自貿區吸收外商投資項目占全市一半。[27]

　　然而，以體制試驗和政府職能轉變為主要任務的自貿區試驗，其中最重的成效之一，便是形成可複製可推廣的經驗。依照大陸的資訊顯示，四

---

[27] 「四大自貿區形成21項可複製可推廣經驗、第三批自貿區開始篩選」，21世紀經濟報導，2015年12月16日，版5和版7。

個自貿試驗區經梳理總結包括政府服務和監督創新、促進投資與貿易便利化、金融創新和促進創新要素集聚與流動在內的21條經驗，將推廣到大陸其他地區，其中天津自貿區有九項入選，占總量40%以上。[28] 四大自貿試驗區的成效已引來大陸各省市、自治區的風潮，截至2016年1月25日，包括陝西、山東、甘肅、重慶、河南、廣西、江西、江蘇、湖北武漢、四川成都等10個省區市，都提出申建或爭取設立自貿區的設想。[29]

肆、福建自貿區與兩岸經貿關係發展

在四個自貿區的對台戰略方面，主要反映於福建自貿區的政策設計。福建自貿區的總體發展目標是要創新兩岸合作機制，推動貨物、服務、資金、人員等各類要素自由流動，增強閩台經濟關聯度，加快形成更高水準的對外開放新格局，拓展與21世紀海上絲綢之路沿線國家和地區交流合作的深度和廣度（參見表2）。主要任務和措施則是要推進投資管理體制改革、推進貿易發展方式轉變、率先推進與台灣地區投資貿易自由化、推進金融領域開放創新和培育平潭開放開發新優勢（參見表3）。

為加速福建與台灣方面的經濟合作，福建省自貿區已提出深化兩岸經濟合作的五項創新舉措，亦即一、探索閩台產業合作的新模式；二、擴大對台服務貿易開放；三、推動閩台的貨物貿易自由化，創新監管模式，尤其是關檢方面；四、推動兩岸金融合作的先行先試；五、促進兩岸往來的更加便利（參見表5）。以閩台產業合作而言，主要包括合作研發創新、合作打造品牌、合作參與制定標準。進一步推動台灣的先進製造業、戰略

---

[28] 課題組，「關於中國自由貿易試驗區建設的思考」，國際貿易（北京），2015年第11期，頁13-20；「四大自貿區形成21項可複製可推廣經驗、第三批自貿區開始篩選」，21世紀經濟報導，2015年12月16日，版5和版7。

[29] 「十省擬建自貿區，第三批有望今年落地」，21世紀經濟報導，2016年1月16日，版3。

性新興產業和現代化服務業在自貿試驗區內積極發展。在推動兩岸金融合作先行先試方面，則是希望進一步加強兩岸金融業跨境人民幣的業務合作，在海峽兩岸經濟合作架構協議（ECFA）的框架下，降低台資經營機構的准入和產業門檻，進一步擴大台資金融機構的營業範圍。

在宏觀經濟和產業方面，福建自貿區則試圖與台灣自由經濟示範區「六海一空一區」相對接（參見表6）。主要為物流、農業附加值服務、國際旅遊、公共倉儲、高新科技及加值服務等。具體的產業對接則集中於高新技術產業、服務業、海洋產業和旅遊業（參見表7）。

服務業中的文化業及文化貿易是福建自貿區對台經貿優惠的重點。依目前的規劃，福建自貿區有關文化貿易的政策和措施，主要為建設平潭國際旅遊島；擴大旅行社開放；放寬旅遊從業人員限制；促進醫療、娛樂演藝、職業教育、旅遊裝備等領域進一步開放；發展知識產權服務；推進廈門保稅區建設；建設福州中國船政文化城，打造「海峽兩岸文化融合產業基地」（參見表8）。除此之外，在平潭綜合實驗區設置平潭對台小額商品交易市場、商務營運中心、台灣創業園、平潭跨境電子商務，以及嵐城、金井灣、澳前等三個片區，針對台商提供優惠政策，以吸引台商投資（參見表9）。以商務營運中心為例，招商對象為世界500強、大陸民企100強或台灣100大企業，而投資性質則是總部企業、金融機構、文創產業和現代服務業等。至於平潭對台小額商品交易市場，則是針對原產地台灣的糧油食品、土產畜產、紡織服裝、工藝品、輕工業品、醫藥品等可免進口關稅和進口環節增值稅。惟過去幾年來平潭綜合實驗區硬體建設雖快速，但是投資環境仍相對落後，對台商仍不具吸引力。依目前情勢觀察，由於廠房和物業閒置，今後幾年平潭綜合實驗區將延緩硬體建設成長的速度，並積極致力於招商工作，勢將提出更多優惠台商的政策。

表1　中共「十八屆三中全會」《決定》有關構建開放型經濟新體制的政策

- 《決定》中有關構建開放型經濟新體制的諸多政策和措施，將對兩岸經貿關係發展以及台灣參與亞太區域經濟交流與合作產生相當的影響。

  1. 推進金融、教育、文化、醫療等服務領域有序開放、放開育幼養老、建築設計、會計審計、商貿物流、電子商務等服務業領域外資准入限制，進一步放開一般製造業。

  2. 建立上海自由貿易區試驗區，為全面深化改革和擴大開放探索新途徑，積累新經驗。在推進現有試點基礎上，選擇若干具備條件的地方發展自由貿易園（港）區。

  3. 擴大企業及個人對外投資，確立企業及個人對外投資主體地位，允許創新方式走出去開展綠地投資、併購投資、證券投資、聯合投資等。

  4. 加快同有關國家和地區商簽投資協定，改革涉外投資審批體制，提供權益保障、投資促進、風險預警等更多服務，擴大投資合作空間。

  5. 堅持世界貿易體制規則，堅持雙邊、多邊、區域次區域開放合作，擴大同各國各地區利益匯合點，以周邊為基礎加快實施自由貿易區戰略。

  6. 改革市場准入、海關監管、檢驗檢疫等管理體制，加快環境保護、投資保護、政府採購、電子商務等新議題談判，形成面向全球的高標準自由貿易區網絡。

  7. 擴大對香港、澳門和台灣開放合作。

  8. 抓住全球產業重新布局機遇，創新加工貿易模式，形成有利於推動內陸產業集群發展的體制機制。

  9. 加快沿邊開放步伐，建立開發性金融機構，加快同周邊國家和區域基礎設施互聯互通建設、推進絲綢之路經濟帶、海上絲綢之路建設，形成全方位開放新格局。

資料來源：《中共中央關於全面深化改革若干重大問題的決定》（2013年11月12日中國共產黨第十八屆中央委員會第三次全體會議通過）。

表2　大陸四個自貿區的總體發展目標

區域	發展目標
上海自貿區	形成與國際投資貿易通行規則相銜接的制度創新體系，充分發揮金融貿易、先進製造、科技創新等重點功能承載區的輻射帶動作用，力爭建設成為開放度最高的投資貿易便利、貨幣兌換自由、監管高效便捷、法制環境規範的自由貿易園區。
廣東自貿區	經過三至五年改革試驗，營造國際化、市場化、法治化營商環境，構建開放型經濟新體制，實現粵港澳深度合作，形成國際經濟合作競爭新優勢，力爭建成符合國際高標準的法制環境規範、投資貿易便利、輻射帶動功能突出、監管安全高效的自由貿易園區。
天津自貿區	經過三至五年改革探索，將自貿試驗區建設成為貿易自由、投資便利、高端產業集聚、金融服務完善、法制環境規範、監管高效便捷、輻射帶動效應明顯的國際一流自由貿易園區，在京津冀協同發展和我國經濟轉型發展中發揮示範引領作用。
福建自貿區	創新兩岸合作機制，推動貨物、服務、資金、人員等各類要素自由流動，增強閩台經濟關聯度。加快形成更高水準的對外開放新格局，拓展與21世紀海上絲綢之路沿線國家和地區交流合作的深度和廣度。

資料來源：大陸國務院關於印發進一步深化中國（上海）自由貿易試驗區改革開放方案的通知（國發〔2015〕21號）；中國（廣東）自由貿易試驗區總體方案的通知（國發〔2015〕18號）；中國（天津）自由貿易試驗區總體方案的通知（國發〔2015〕19號）；中國（福建）自由貿易試驗區總體方案的通知（國發〔2015〕20號）。

表3　大陸四個自貿區主要任務和措施比較

區域	主要任務和措施
上海自貿區	1. 加快政府職能轉變 2. 深化與擴大開放相適應的投資管理制度創新 3. 積極推進貿易監管制度創新 4. 深入推進金融制度創新 5. 加強法制和政策保障
廣東自貿區	1. 建設國際化、市場化、法治化營商環境 2. 深入推進粵港澳服務貿易自由化 3. 強化國際貿易功能集成 4. 深化金融領域開放創新 5. 增強自貿試驗區輻射帶動功能
天津自貿區	1. 加快政府職能轉變 2. 擴大投資領域開放 3. 推動貿易轉型升級 4. 深化金融領域開放創新 5. 推動實施京津冀協同發展戰略
福建自貿區	1. 切實轉變政府職能 2. 推進投資管理體制改革 3. 推進貿易發展方式轉變 4. 率先推進與台灣地區投資貿易自由 5. 推進金融領域開放創新 6. 培育平潭開放開發新優勢

資料來源：同表2。

表4　大陸四個自貿區建設的功能規劃

區域	功能劃分
上海自貿區	陸家嘴金融區：重點發展服務業的擴大開放，強化服務業的外人投資。 金橋開發區：重點發展先進製造業及生產性服務業。 張江高科技園區：同時肩負自貿區和國家自主創新示範區兩大國家戰略，打造創新創業之重點試驗區域。
廣東自貿區	廣州南沙新區：重點發展航運物流、特色金融、國際商貿、高端製造等產業，建設以生產性服務業為主導的現代產業基地和具有世界先進水準的綜合服務樞紐。 深圳前海蛇口：重點發展金融、現代物流、資訊服務、科技服務等戰略性新興服務、建設成大陸金融業對外開放試驗示範窗口、世界服務貿易重要基地和國際性樞紐港。 珠海橫琴新區：重點發展旅遊休閒健康、商務金融服務、文化科教和高新技術等產業，建設文化教育開放先導區和國際商務休閒旅遊基地，打造促進澳門經濟適度多元發展新載體。
天津自貿區	天津港區：重點發展航運物流、國際貿易、融資租賃等現代服務業。 天津機場區：重點發展航空航太、裝備製造、新一代資訊技術等高端製造業和研發設計、航空物流等生產性服務業。 濱海新區中心商務區：重點發展以金融創新為主的現代服務業。
福建自貿區	平潭片區：重點建設兩岸共同家園和國際旅遊島，在投資貿易和資金人員往來方面實施更加自由便利的措施。 廈門片區：重點建設兩岸新興產業和現代服務業合作示範區、東南國際航運中心、兩岸區域性金融服務中心和兩岸貿易中心。 福州片區：重點建設先進製造業基地、21世紀海上絲綢之路沿線國家和地區交流合作的重要平台、兩岸服務貿易與金融創新合作示範區。

資料來源：同表2。

表5　福建自貿試驗區深化兩岸經濟合作五項創新舉措

功能項目	內涵
探索閩台產業合作的新模式	主要包括合作研發創新、合作打造品牌、合作參與制定標準。進一步推動台灣的先進製造業、戰略性新興產業和現化服務業在自貿試驗區內積極發展。
擴大對台服務貿易開放	在ECFA的框架下，進一步擴大通訊、運輸、旅遊等領域的對台開放；進一步降低台商投資的准入門檻，在一些領域放寬台資的股比限制，擴大台企業務的承攬範圍。鼓勵台胞到自貿試驗區創業發展，台灣自然人無需經過外資的備案就可以到區內註冊個體工商戶。
推動閩台的貨物貿易自由化，創新監管模式，尤其是關檢方面	支持福建自貿試驗區發展兩岸的電子商務，對進口原產台灣的普通商品簡化手續，實行快速檢驗檢疫的模式。
推動兩岸金融合作的先行先試	進一步加強兩岸金融業跨境人民幣的業務合作，在ECFA的框架下，降低台資經營機構的准入和產業門檻，進一步擴大台資金融機構的營業範圍。
促進兩岸往來的更加便利	推動實施兩岸機動車互通和駕駛證的互認，探索台灣專業人才在自貿試驗區裡任職等相關措施。

資料來源：**第七屆海峽論壇會刊**（中國福州：海峽論壇組委會，2015年6月），頁25-26。

表6　台灣自由經濟示範區「六海一空一區」功能定位

示範區	功能定位	新增產能
台北港	中部區域的加值服務中心；能源、重化工和石化原料進口港及油料配銷中心	物流、農業附加值服務
台中港	海空聯、國際物流的配銷及加值服務中心	國際旅遊、國際物流及附加值服務
基隆港	公共倉儲及以亞洲為腹地的配銷中心	公共倉儲及國際物流
高雄港	轉運及配銷中心	國際物流
蘇澳港	綠能產業的加值服務中心	高新科技及加值服務

示範區	功能定位	新增產能
安平港	南台灣散雜貨進出口兼觀光及親水性港口	物流、農業加值服務
桃園航空城	空運為主、海運為輔的高科技產業運籌中心	高新科技及國際物流
屏東農業生技園區	畜養、漁業等觀賞魚價值專區	物流、農業加值服務

資料來源：林曉偉、李非，「福建自貿區建設現狀及戰略思考」，**國際貿易**（北京），2015年第1期，頁11-14。

表7　福建與台灣產業對接合作

產業	功能定位	主要產業項目
高新技術產業	積極承接台灣及境外高新技術產業轉移，建設海峽西岸高新技術產業基地	電子信息、新材料、新能源
服務業	承接台灣現代服務業轉移為基礎，建成依托海西服務兩岸的現代服務業集聚區	現代物流業、商貿流通業、金融服務業、文化創意產業、會展業
海洋產業	發展海產品精深加工及關聯產業，建設成為輻射大陸市場的台灣海產品加工基地和中轉集散中心	精緻農業、海產品加工、海洋生物
旅遊業	加強兩岸旅遊合作，打造「海峽旅遊」品牌，將廈門、平潭等地區建設成為國際知名旅遊休閒目的地	濱海度假、文化旅遊、休閒養生

資料來源：林曉偉、李非，「福建自貿區建設現狀及戰略思考」，**國際貿易**（北京），2015年第1期，頁11-14。

表8　福建自貿區推展文化業及文化貿易措施

1. 支持平潭國際旅遊島建設。
2. 推動實現自貿試驗區口岸過境免簽或自貿試驗區所在省、市長時間停留等更加便捷的簽註措施。
3. 擴大旅行社開放，支持在福建自貿區內設立的外資合作旅行社經營大陸居民出國的團隊旅遊業務；允許三家台資合資旅行社試點經營福建居民赴台灣團隊旅遊業務。
4. 放寬旅遊從業人員限制，支持台灣合法導遊、領隊培訓認證後在自貿區所在設區市執業。
5. 促進醫療、娛樂演藝、職業教育、旅遊裝備等領域進一步開放。
6. 允許台灣服務提供者以跨境支付方式在自貿區內試點舉辦展覽。
7. 對符合條件的台商，投資自貿區內服務行業的資質、門檻比照大陸企業。
8. 發展知識產權服務業、擴大對台知識產權服務，開展兩岸知識產權經濟發展試點。
9. 探索實現區內對外連動，支持郵輪、度假區、低空飛行等領域的企業納入自貿區框架管理。
10. 鼓勵旅遊創新、開拓適合旅遊業特點的對外投資、融資、併購多種渠道，提升旅遊產業的國際化和現代化水平。
11. 推展境外旅客購物離境退稅政策，對台灣服務業提供者在自貿區內投資設立旅行社無年旅遊經營總額限制。
12. 推進廈門文化保稅區建設。
13. 福州將以中國船政文化城為載體，發揮船政文化「海峽兩岸交流基地」作用，打造「海峽兩岸文化融合產業基地」。

資料來源：蒙英華、蔡宏波，「滬津閩粵自貿試驗區對文化貿易的管理措施差異比較」，**國際貿易**，2016年第3期，頁61-66。

表9 平潭綜合實驗區的發展定位和對台商優惠政策

● 平潭對台小額商品交易市場

發展定位	1.台灣特色商品展示及銷售平台。 2.集休閒購物、體驗消費、觀光旅遊於一體的兩岸經貿、文化交流平台。
優惠政策	原產地台灣的糧油食品、土產畜產、紡織服裝、工藝品、輕工業品、醫藥品等可免進口關稅和進口環節增值稅。
招商對象	1.台灣縣市主題館。 2.台灣特色商品旗艦店。 3.台灣特色餐飲。 4.具有台灣特色的觀光工坊、體驗消費、文化創意等。 5.國際名品。 6.具有平潭或福建特色的商品、餐飲等。 7.其他文化、旅遊觀光項目等。

● 商務營運中心

發展定位	定位為平潭綜合實驗區金井灣片區總部經濟區，培育和發展總部經濟（含區域營運中心）、商貿服務、金融、現代服務等產業。
優惠政策	1.可享受國家、省、實驗區的相關優惠政策。 2.辦公用房優惠。 3.對新入駐的企業，推行全過程服務企業到投資產的「一條龍服務」制度，建立一口受理、綜合審批和高效運作的服務模式。 4.設立項目申報無償辦理機構。 5.保障投資者子女就學。
招商對象	世界500強，大陸民企100強或台灣100大企業；總部企業（含視同總部企業）、金融機構、文創產業、現代服務業等。

● 嵐城片區

發展定位	嵐城片區由實驗區中心商務區、高新產業區、文化教育區、科技研發區組成。探索兩岸合作建設高新技術產業基地，連動平潭高鐵中心站，加快建設金融商務聚集區、高新技術聚集區、新興服務業聚集區、文化教育聚集區、研發總部聚集區等產業功能性平台，發揮原產地政策優勢，推進兩岸高新技術產業深度融合發展，著力兩岸共同家園建設，共享全球化利益。
招商對象	高端商務金融、文化教育產業、醫療生技產業、現代服務業、高端製造業、新材料、新能源等企業。

● 台灣創業園

發展定位	台灣創業園旨在為兩岸創新創業者搭建事業平台和交流基地，促進技術、人才、資金、創新、創意等要素相互融合，構建以創新為特色的兩岸創業者的共同家園。
優惠政策	1. 租金優惠。 2. 通訊便利服務。 3. 政府支持。
招商對象	台灣創業園重點引進符合《平潭綜合實驗區產業發展指導目標》、擬在本園區從事新項目研發、新技術轉化、創意項目孵化等經營活動的單位或個人入駐，包括電子信息、電子商務、生物醫藥、海洋生物科技、新材料、新能源、先進裝備製造與節能環保、金融服務、文化創意、教育培訓等。同時，歡迎兩岸知名企業、社團、商協會、中介機構等在本園區設立平潭辦事處。

● 金井灣片區

發展定位	以濱海新城和港口為依托，打造融濱水居住、商務辦公、商業休閒、港口物流和保稅加工為一體的特色綜合濱海門戶區。其中，金井灣組團重點以信息產業園、商務營運中心、台灣創業園一期等為載體，引進電子信息產業、總部經濟、科研文創等產業項目；吉釣港組團重點發展保稅加工、保稅物流、貨運代理、轉口貿易及港口物流業，以保稅物流園區建設、臨港工業用地開發等為載體，引進港口營運、出口加工、倉儲物流等臨港產業項目，逐步凸顯城市一體建設，優勢投資平台，兩岸貨運通道，產業加速集聚等優勢，著力打造兩岸自由貿易示範區、區域性綜合保稅產業示範區和兩岸電子產業融合發展聚集區，並向國際自由港發展。
招商對象	電子信息產業、總部經濟、科研孵化、文化創意、高端商務、商貿服務、跨境電商、倉儲物流、貨運代理、轉口貿易、臨港產業等相關企業機構。

● 澳前片區

發展定位	國際旅遊島核心區、兩岸商貿主通道、構築旅遊集聚區、商貿集聚區、生活集聚區。突出高端旅遊業態、兩岸文化交流主題，打造平潭國際度假旅遊目的地；依托澳前客貨運碼頭、台灣免稅市場，發展綜合商貿、倉儲物流、免稅購物及漁農產品加工交易中心等產業，打造對台特色門戶。
招商對象	對台商貿、跨境電商、漁農產品加工、倉儲物流、旅遊產業。

● 平潭跨境電子商務

發展定位	依托兩岸直航及綜合實驗區、特殊監管區、自貿區等政策疊加優勢，打造「自由流動、信息分享」的商業環境，將跨境電子商務建設成平潭第一個百億產業。
優惠政策	1. 可享受國家、省、實驗區的相關優惠政策。 2. 辦公用房優惠。 3. 倉儲物流優惠。 4. 對新入駐的企業，推行全過程「一站式綜合服務」。
招商對象	從事國內日用消費品電子商務銷售的企業、配套物流及綜合服務平台商、電子商務平台、第三方支付平台、金融機構、服務外包等相關機構。

資料來源：平潭綜合實驗區投資指南，2015。

參考書目

「十省擬建自貿區，第三批有望今年落地」，21世紀經濟報導，2016年1月16日，版3。

「上海自貿區『苗圃』效應漸顯」，瞭望新聞周刊（北京），2014年12月15日第50期，頁50-51。

「大國經濟與大國金融」，經濟導報（香港），2015年第6期，頁1。

「四大自貿區形成21項可複製可推廣經驗、第三批自貿區開始篩選」，21世紀經濟報導，2015年12月16日，版5和版7。

「『自貿區』再造改革開放新高地」，瞭望新聞周刊（北京），2014年12月8日第49期，頁30-31。

「京津冀首攻省際利益堡壘」，瞭望新聞周刊（北京），2014年6月23日第25期，頁29-32。

「『京津冀協同發展』上位國家戰略」，瞭望新聞周刊（北京），2014年12月8日第49期，頁26-27。

「商務部正協助新自貿區制定方案」，中國外資（北京），2015年第1期，頁13。

「讀懂自貿區」，瞭望新聞周刊（北京），2014年6月2日第22期，頁24-35。

丁國杰，「中國（上海）自由貿易區影響效應分析」，宏觀經濟管理（北京），2014年第6期，頁49-51。

王海峰，「上海自由貿易試驗區進展、問題和建議」，宏觀經濟管理（北京），2015年第1期，頁73-75。

李大偉，「建立面向全球的高標準自貿區網絡的思路與對策」，國際貿易（北京），2015年第5期，頁24-30。

李鋼、晶平香、李西林，「新時期我國擴大服務業開放的戰略與實施路徑」，國際貿易（北京），2015年第2期，頁4-9。

孟夏、宋麗麗，「美國TPP戰略解析：經濟視角的分析」，國際貿易（北京），2013年第3期，頁87-92。

孟祺，「涉外經濟體制改革的路徑研究」，經濟體制改革（四川），2014年第3期，頁21-24。

紀慰華，「試論以上海自貿試驗區為契機推動浦東新區政府職能轉變」，經濟體制改革（四川），2015年第1期，頁80-84。

胡穎廉，「強化負面清單模式下的事中事後監管」，瞭望新聞周刊（北京），2014年9月29日第39期，頁36-37。

盛斌，「天津自貿區：制度創新的綜合試驗田」，國際貿易（北京），2015年第1期，頁4-10。

傘鋒，「推進京津冀三地協同發展」，宏觀經濟管理（北京），2014年第5期，頁38-40。

廖凡，「上海自貿區制度建設還要做什麼」，經濟參考報，2016年1月5日，版8。

劉輝群，「中國（上海）自由貿易試驗區的外資市場准入研究」，經濟體制改革（四川），2014年第5期，頁25-28。

樂艷，「構建開放型經濟新體制框架下的國際貿易新戰略」，國際貿易（北京），2015年第2期，頁17-21。

蔡春林，「廣東自貿區建設的基本思路和建議」，國際貿易（北京），2015年第1期，頁15-21。

課題組，「關於中國自由貿易試驗區建設的思考」，國際貿易，2015年第11期，頁13-20。

薛榮久、楊鳴，「跨太平洋夥伴關係協定的特點、困境與結局」，國際貿易（北京），2013年第5期，頁49-53。

福州自貿區與兩岸服務貿易之展望與政策初探

張家春
（中國文化大學勞工關係學系副教授、
中華跨域管理教育基金會執行長）

吳秀光
（台北大學行政暨政策學系兼任教授、
中華跨域管理教育基金會董事長）

摘要

　　本文以服務貿易模型說明自由貿易區所產生的直、間接效益及其結構因素，說明邊際成本下降才是真正能帶動雙邊貿易動力的理由，並以經濟投入產出模型的波及效果論證兩岸服務貿易所能產生的向前、向後關聯效果。在兩岸共創雙贏的環境中，選定智慧物流、健康、農業加值、金融服務及教育創新作為重要產業做出評選，顯示在擴大產業產出效果中，以金融及貨幣金融服務業最為明顯，商務服務為其次，當為先試先行之首選項目。

關鍵詞：邊際成本、投入產出模型、波及效果、向前、向後關聯效果

壹、引言

　　大陸「全國人大」2016年3月5日公布年度《政府工作報告》及《十三五規劃綱要草案》，強調要促進兩岸經濟融合及加強人文社會交流，讓更多台灣青少年和中小企業在交流合作中受益。由國務院研擬的「國民經濟和社會發展第十三個五年規劃綱要」草案，共分20篇，其中第12篇的第55章為涉台專章，專章開頭強調，要在堅持九二共識的基礎上，以互利共贏方式深化兩岸經濟合作。其中在支持轉型引台商西進規劃方面，則要推動兩岸產業優勢互補，鼓勵兩岸企業「相互持股、合作創新、共創品牌、共拓市場」，還要深化兩岸金融合作，並加強兩岸在農漁業、中小企業、電子商務等領域合作。此亦為兩岸服務貿易指出了重要的發展方向。十三五規劃對台商投資也劃出重點區域，將推進在海西區和福建自貿區打造台商投資區，在平潭、福州、昆山、廈門等地，成立試驗區及合作平台；同時鼓勵長三角、珠三角、渤海灣等台資聚集區發揮優勢，支持台資企業轉型升級，引導向中西部漸進轉移。

　　服務是一種特殊的商品，自由經貿特區不可能缺服務業，服務貿易自由化可以實現兩岸經由貿易擴張趨勢下服務業資源的有效合理配置，提高服務業整體的經濟效益。自貿區開放的服務貿易市場可以降低服務成本，進而降低兩岸商品生產和貿易或區外其他服務生產和貿易的成本，從而使自由化帶來的收益得到延伸和放大。

　　本文對福州自貿區服務貿易自由化的經濟福利效果進行研析，並藉由擴散效應評估開放自貿區服務貿易所能產生的「溢出」效果，進而做出政策之建議。自貿區的建立減少了政府行政對經濟發展的干預，尤其是關稅及長期實施的交易稅費，使區內的廠商取得一個新的、有效率的行政服務及對應國際競爭市場的價格干預的免除。自貿區人民幣國際化、利率市場化能夠得以實現，加快了自貿區內及周邊區域經濟的投融資發展，大陸可

透過福州自貿區的設置，凸顯其成為區域經濟物流中心、金融中心與貿易中心的樞紐經濟地位，也使福州為中心的區域經濟融合與參與到國際經濟發展中。這其中台灣對福州自貿區的期待與經濟互補效益的發揮成為兩岸的共同關注，而台灣在智慧物流、農業加值、金融服務及教育創新方面可能的貢獻，兩岸關聯成長，本文在理論及實證上提供了初步探討基礎。

貳、自貿特區貿易經濟福利形成的理論推衍

　　本文先以簡單的模型分析貿易本身的直接福利效果，包括貿易限制對社會福利的負面影響，和貿易開放對社會福利的正面影響。假定世界上由兩個國家構成，A為產品出口國，B為產品進口國，兩國進行貿易。貿易發生後出口國產品價格上揚，而進口國產品價格下跌，貿易使雙方福利都得以增加。以圖1來表示，S_x是兩國構成的貿易市場中A國產品出口的供給曲線，D_M是B國產品進口的需求曲線，P_M^0是進口國該產品發生貿易前的封閉市場價格，P_X^0是出口國該產品的發生貿易前的封閉市場價格。現兩國貿易價格將發生相向移動，最終在P_E均衡價格上實現貿易的平衡。貿易市場的貿易福利由進口國的淨消費者剩餘CS（Consumer Surplus）和出口國的淨生產者剩餘PS（Producer Surplus）所構成。

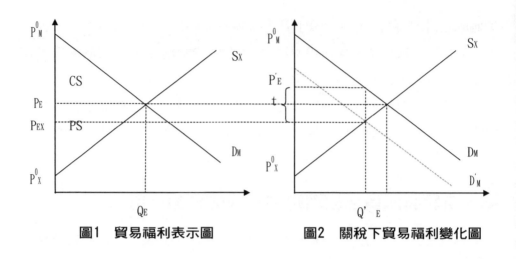

圖1　貿易福利表示圖　　　　圖2　關稅下貿易福利變化圖

　　當進口國課徵從價關稅，使得進口國的需求線由D_M向下移動成為D'_M，則貿易均衡變成圖2所示之情形，進口商品因為進口關稅而變貴了成為P'_E，但出口國的實收價格也降為P_{EX}，（$P'_E - P_{EX}$）的差額則成為進口國的關稅收入。綜合言之，則不論進口國的消費者剩餘CS，或出口國的生產者剩餘PS都縮小成為CS'及PS'，關稅的課徵及取消確實會影響著兩國福利，至於兩國間的自由貿易協定通常會因為出口國的商品供給彈性、進口國的商品需求彈性及相對的貿易總額占國家貿易比例，衍生國內就業影響衝擊，替代商品的供需彈性，衍生的產業波及效果等差異條件而有不同的考量，所以各國會對於本國境內的自由貿易區進駐國內廠商，及外國進駐自由貿易區廠商的偏好不同。一般而言，會對於本身競爭優勢強，國內就業衝擊小及衍生國內產業正面波及效果大者，作為優先進駐及給予優惠考量。

參、自貿特區減省交易成本造成之經濟福利增加效益

　　自貿特區提出的是除商品貿易外，更多的是金融、醫療、會展等服務

貿易引進，服務業與商品相比較，服務貿易的標的是無形的，並且服務貿易有時是在要素層面上的「交換」，例如會展、醫療是勞動力的提供，金融服務是勞動力及資本的提供，而且更多跨國提供的服務是與國際投資結合在一起的形式。商品貿易與服務貿易的形式截然不同，因此必須按照不同形式的服務貿易發生態樣做出不同的分析才對，然而大陸自貿特區的短期內設置目的，在於擴大關聯商品「深層加工」為其核心，因此本文所論述之服務貿易範圍以商品貿易發生所引伸提供服務形式為主的服務貿易內容。

　　美國密西根大學教授Alan Deardorff創造貿易型服務模型，對服務貿易的發生原因、基本因素及服務貿易自由化的效益進行分析。由於其所指的貿易型服務恰好就是因商品貿易而發生的服務貿易，本文即以之為基礎做展開之分析。

　　仍以上述A、B兩國貿易為例，假設A國出口產品到B國必須要各自提供的交易服務，也就是A國的出口商必須靠A國國內的交易服務將貨品送至邊界，交給B國的交易服務提供者，再將貨品運到B國國內某處。假設交易服務的成本函數為：

$$C_i = C_{0i} \qquad\qquad + \ k_i (D, Q; R)$$

其中

C_i：表A、B兩國的交易成本函數，i＝A或B　C_{0i}：表固定交易成本，例如鋪設鐵路、興建車站硬體及制度規費等

$k_i (D, Q; R)$：表變動耗損成本函數，例如油、電的耗損成本等，此耗損成本主要受到產品量Q及交易距離D的直接影響；R則是該國的原賦資源，例如油源國或能源豐沛的國家，則在交易上的能源耗損成本比較小。反之，若為能源匱乏的國家，則此交易能源損耗成本就比較大；又例如原賦若為勞動力，則勞動力豐沛的國家在交易勞動力耗損成本較小。反

之，若為勞動力缺乏的國家，則交易勞動力耗損成本較大。

假如不允許服務貿易，即不存在交易雙方任何一方提供跨境服務，亦不存在第三國對進出口兩國提供交易服務，那麼上述的貿易行為在納入交易成本後，將交易服務邊際成本設為其發生貿易必須涵蓋送達邊界的傳送成本d_i，也就是傳送的訂價採邊際成本訂價法而將固定成本視為沒入成本，即：

$$d_i = MC_i = \frac{\partial k_i\,(D,\,Q;\,R)}{\partial Q} \qquad 其中i＝A或B$$

設若現在出口國成立的自貿特區減省了出口國貿易服務成本，使d_A減少為d'_A，如下圖3及圖4所示。

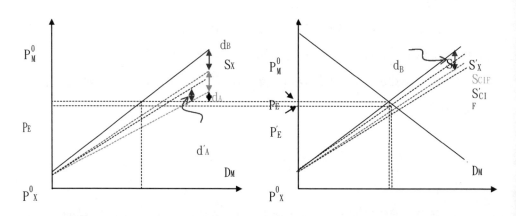

圖3　服務交易成本貿易福利表示圖　　圖4　交易成本減省貿易福利表示圖

出口國開設自由貿易區使得服務貿易成本下降，例如外幣轉換成本、報關的效率增加，規費費率下降，信用保證費率下降，運輸費用下降，資金運用成本下降等，服務成本由d_A減少為d'_A，則這時縱然進口國的服務成本仍為d_B，但是進口國面對該進口商品的供給線已經由S_X擴張為S'_X，均衡

價格由P_E下降為P'_E，蓋因到岸價格因為出口國的服務成本下降而下降，雙方的貿易福利都因此而增加。由上述的說明，可以推知自貿特區所能帶來的福利變化，為關稅減免及服務交易成本減省兩大部分。這些直接經由特定產品貿易帶來的福利增加可稱為「直接福利增加」效益。就減免關稅而言，帶來的福利增加是反映在消費者剩餘的增加效果上。就自貿特區補助工具，外勞比例彈性放寬及貨物儲存、簡易加工可享內銷10%免營所稅優惠等政策作為而言，這就是交易成本減省的作為，這樣的福利增加可分為三方面，第一是服務提供者朝向最有效率的方向轉變，開放競爭下，交易成本降低；再者則是路線的縮短，以前要經過層層轉運，下貨又上貨，現在免除，因此降低了交易成本；第三則是朝向規模化的經營，在整合服務上達到規模經濟，因而降低交易成本，於是出口國台灣得以擴大出口增加福利。上述演繹也透露出台海兩岸若能共同走向雙邊自由貿易的開放，則不論兩岸之任何一邊都蒙其利而取得雙贏的結果。

肆、自貿特區的經濟溢出效果

　　設置自貿特區的目的，不僅僅是為創造關稅減免產品或透過產品貿易交易成本減省，來創造該產品的貿易福利增加效果，更重要的是希望能創造溢出效果。這又可分為兩種溢出，其一是透過產業關聯來創造全面性的產業增值效果，另一方面則是透過制度變革創造的全面交易成本的降低，促成產業生產及交易效率提升來達到增值效果。

　　在評估產業關聯效益方法上，中國國家統計局所編製投入產出表，代表一國國民所得會計帳透過經濟體系內產業間相互流通及經濟乘數所能達到的擴張效益，因此投入產出分析法，可作為分析自貿特區產業透過生產活動相互影響所可達到的外溢程度的理想工具。自貿特區以「高附加價值的服務業為主，促進服務業發展的製造業為輔」為原則，台灣在相對競爭

優勢中以智慧物流、國際健康、農業加值、金融服務、教育創新等經濟活動具優勢，對照國務院十三五計劃新重點。兩岸關係方面，重申九二共識和「三中一青」對台工作重點，繼續推進海峽西岸經濟區、平潭島特區；在建立對外開放與合作新體制方面，透過自貿區的建設及「一帶一路」的推動合作，將市場擴大到更廣大的經濟區域合作範圍，並謀永續之多邊共同發展。在參與全球經濟治理方面，提高中國在全球經濟治理中的制度性話語權，推動人民幣納入國際貨幣基金（IMF）特別提款權（SDR，IMF已於2015年11月底通過），成立亞投行、金磚四國發展銀行，推動RCEP、亞太自貿區等政策規劃。

　　台灣在參與兩岸自由經濟服務貿易方面，特別可涵蓋台灣自貿區的規劃項目，包括：一、智慧物流：透過創新關務機制及雲平台等資訊服務，提供最佳物流服務，並透過示範區內企業委託區外廠商進行加工，串聯鄰近生產基地，增加商品流通自由及附加價值；二、國際健康：推動「國際健康產業園區」，於區內設立國際醫療專辦機構及生技研發機構；三、農業加值：利用高附加價值農業生產技術，致力產品創新加值，以達到福州自貿區外經濟創價擴張效益；四、金融服務：透過業務分級與差異化管理方式，放寬金融機構業務範圍，發展財富與資產管理業務；及五、教育創新：根據十三五規劃的中國製造2025、網路強國戰略、互聯網＋、大眾創業、萬眾創新、藍色經濟、海洋強國戰略、發展分享經濟（共享經濟）及國家大數據（大數據）戰略，以收雙邊強強效應。

　　依據Miller與Blair在1985年所提出的投入產出模型，可分為需求面以及成本面投入產出模型。一般來說，需求面投入產出模型特色為以某一產業部門最終需要（如：消費、投資、出口等）變動，透過產業關聯程度矩陣，可以同時考慮直接及間接誘發效果下，計算對於其他產業所創造的產出效果。一般而言，這種模型較適用於探討向後關聯效果較高產業，例如：有火車頭工業之稱的營造業等，此類產業中間投入率大都較高，一旦

投資提高，將帶動上游產業之生產。成本面投入產出模型係以某一產業部門成本（如：中間投入原物料價格、勞動成本）變動，透過產業關聯程度矩陣，同樣可以考慮直接及間接誘發效果下，計算對其他產業的產出價格影響效果。這種模型比較適用於探討向前關聯效果較高的產業，例如：石油煉製品、電力、自來水等，因為此類產業之產出多屬中間原料或勞務，一旦成本降低，將帶動中下游產業之產出價格降低。

　　需求面的投入產出模型可表示如下：

$$X_1 = Z_{11} + Z_{21} + \cdots + Z_{n1} + F_1$$
$$X_2 = Z_{12} + Z_{22} + \cdots + Z_{n2} + F_2$$
$$\cdot$$
$$\cdot \qquad\qquad (1)$$
$$\cdot$$
$$X_n = Z_{1n} + Z_{2n} + \cdots + Z_{nn} + F_n$$

（總產出＝中間需求＋最終需求）

　　式中X_j（其中$j＝1...n$）表示第j個產業之產出，$Z_{ij.}$（其中$i＝1...n$，$j＝1...n$）代表第j產業生產X_j必須使用第i產業產品作為投入的數額，F_i（其中$i＝1...n$）表示經濟體系內對i產業產品之最終需要，包含家計部門消費、民間投資、政府支出與淨出口等項目。以矩陣形式表示則可將（1）式改寫成：

$$X = Z + F \qquad\qquad (2)$$

　　式中X代表總產出向量；Z代表產業間交易矩陣（又稱中間投入或中間需求矩陣）；F代表最終需要向量，包含家計消費、民間投資、政府支出及淨出口。中間投入和最終需要（不包括進口的部分）又可再細分為對國產品（Z^D、Y^D）及進口品（Z^M、Y^M）的需求，故（2）式可改寫如

下：

$$X = Z^D + Z^M + Y^D + Y^M - M \tag{3}$$

假設進口品與國產品若用為中間投入為完全可替代，則將進口品的中間需求與進口品最終需求加總恰可與進口產品相等而可分離做獨立計算，也就是$Z^M + Y^M = M$可從上述（1）中分離出去，而得到：

$$X = Z^D + Y^D \tag{4}$$

投入與產出之技術關係短期間內假設為固定不變，即

$$a_{ij} = Z_{ij} / X_j \tag{5}$$

a_{ij}即所定義的技術係數或稱為直接投入係數。

由（4）及（5）式可以得到下列矩陣表示的關係

$Z = A \cdot X$

因此可得

$$X = （1-A）^{-1} \cdot F$$

（1-A）$^{-1}$稱為李昂提夫矩陣（Leontief Matrix），（1-A）$^{-1}$為直接加間接需要係數矩陣，又稱為產業關聯程度矩陣或李昂提夫反矩陣。

令$B = （1-A）^{-1}$，以b_{ij}代表該矩陣內元素，則b_{ij}表示第j產業為了滿足一單位j產品的最終需要，必須向i產業直接和間接購買i產品的數額，亦即滿足1元j產品的最終需求，第i產業必須生產的i產品總值。

自由經貿特區的設置當然不只是關稅減免所造成的最終需求及貿易擴大的效果，更重要的是經由制度的變革改變了交易成本，這樣的變革是透過投入產出的技術係數變動來達成，本研究乃採取修正的RAS法來修正原有投入產出表產業關聯程度矩陣。RAS的估算方法是根據已知的投入產出

·

資訊，估計目標年份投入產出表中間投入流量做技術係數修正的演算法，也就是根據以下的步驟來做推演：

- 根據基年投入產出表中間投入矩陣與總產出。
- 設定自貿特區的設置目標下部門的總產出做設定。
- 反覆收斂自貿特區的設置目標下各部門中間投入合計。
- 設定自貿特區的設置目標下各部門中間使用合計。

用自貿特區的設置目標下部門的總產出乘以基年相應的投入結構得到中間投入矩陣，得到各部門中間投入合計。如果其合計不等於設定自貿特區的設置目標下各部門中間使用合計，則對基年投入產出表中間投入矩陣做修正，直到各部門中間投入合計等於設定自貿特區的設置目標下各部門中間使用合計為止。

自貿特區的設置目標下部門的總產出可新增投資，達到促進智慧物流、國際健康、農業加值、金融服務及教育創新的總產出增值效果，預計各相關產業年成長率提升。因此，按照所估算的成長目標，反覆驗證其中間投入係數到穩定使中間投入與總產出與目標相吻合。

根據目前兩岸服務貿易協定，兩岸是在對等基礎上相互開放市場。從已簽署的雙方承諾表來看，台灣開放64項中，低於WTO承諾的有23項，相同者22項，超過WTO（即WTO＋）者19項。陸方開放80項中，低於「內地與香港、澳門關於建立更緊密經貿關係的安排」（CEPA）的有14項，相同者46項，超過者20項。兩岸服務業之進出口變化預估：台灣對大陸出口值成長約4.02億美元（37.2%）；相對於此，台灣自大陸的服務業進口值增加約9,200萬美元（9.08%）。未來福州自貿區的設置，其效果更將大於目前的兩岸服務貿易協定內容，範圍也更將擴大。

若以產業關聯的波及效果來檢討，兩岸的經濟關聯確有互補之可能，本文以2012年中國及2011年台灣的產業關聯統計做比較分析如下：

排序	產業別	向前關聯		向後關聯		總關聯		總產出
1	電腦	4.14133	電力、熱力生產和供應	17.25684	電力、熱力生產和供應	20.42534	房屋建築	8.51E＋08
2	文化、辦公用機械	4.059308	精煉石油和核燃料加工品	12.97238	精煉石油和核燃料加工品	15.96086	批發和零售	7.22E＋08
3	視聽設備	4.040812	農產品	12.72465	電子元器件	15.296	鋼軋延產品	5.13E＋08
4	通信設備	4.033681	貨幣金融和其他金融服務	12.1449	基礎化學原料	15.13989	貨幣金融和其他金融服務	4.97E＋08
5	化學纖維製品	3.989553	批發和零售	12.01925	農產品	14.75287	電力、熱力生產和供應	4.87E＋08
6	家用器具	3.979347	基礎化學原料	11.58493	貨幣金融和其他金融服務	14.14743	農產品	4.69E＋08
7	其他交通運輸設備	3.970938	電子元器件	11.33644	批發和零售	13.82436	房地產	4.19E＋08
8	電子元器件	3.959561	石油和天然氣開採產品	11.09635	有色金屬及其合金和鑄件	13.70158	精煉石油和核燃料加工品	3.49E＋08
9	輸配電及控制設備	3.936299	有色金屬及其合金和鑄件	10.32312	石油和天然氣開採產品	13.30267	公共管理和社會組織	3.32E＋08
10	電線、電纜、光纜及電工器材	3.923541	煤炭採選產品	9.839987	鋼軋延產品	12.62954	商務服務	3.27E＋08
11	其他電氣機械和器材	3.891014	鋼軋延產品	9.1051	煤炭採選產品	12.29762	道路運輸	3.25E＋08
12	電機	3.848913	商務服務	7.968674	商務服務	11.04403	金屬製品	3.22E＋08
13	電池	3.840592	專用化學產品和炸藥、火工、焰火產品	7.286668	專用化學產品和炸藥、火工、焰火產品	10.9233	土木工程建築	3.18E＋08
14	泵、閥門、壓縮機及類似機械	3.834068	道路運輸	7.155578	金屬製品	10.61215	畜牧產品	2.72E＋08

排序	產業別	向前關聯		向後關聯		總關聯		總產出
15	塑膠製品	3.830869	金屬製品	6.947919	合成材料	10.51113	汽車整車	2.68E＋08
16	廣播電視設備和雷達及配套設備	3.829088	合成材料	6.826885	塑膠製品	10.4949	棉、化纖紡織及印染精加工品	2.52E＋08
17	塗料、油墨、顏料及類似產品	3.825153	棉、化纖紡織及印染精加工品	6.742615	棉、化纖紡織及印染精加工品	10.26892	電子元器件	2.44E＋08
18	針織或鉤針編織及其製品	3.798755	塑膠製品	6.664031	道路運輸	9.891028	有色金屬及其合金和鑄件	2.34E＋08
19	物料搬運設備	3.798432	有色金屬軋延加工品	6.070242	有色金屬軋延加工品	9.789696	汽車零部件及配件	2.31E＋08
20	汽車整車	3.795259	造紙和紙製品	5.329004	其他通用設備	8.959665	煤炭採選產品	2.25E＋08
21	汽車零部件及配件	3.792804	其他通用設備	5.31176	造紙和紙製品	8.646655	教育	2.2E＋08
22	鐵路運輸和城市軌道交通設備	3.767058	黑色金屬礦採選產品	4.984545	汽車零部件及配件	8.378948	基礎化學原料	2.18E＋08
23	金屬製品、機械和設備修理服務	3.724785	畜牧產品	4.668245	黑色金屬礦採選產品	7.835814	塑膠製品	2.06E＋08
24	農、林、牧、漁專用機械	3.722826	汽車零部件及配件	4.586143	鋼、鐵及其鑄件	7.795299	衛生	2.03E＋08
25	有色金屬軋延加工品	3.719454	鋼、鐵及其鑄件	4.550226	化學纖維製品	7.481626	電腦	1.89E＋08
26	其他專用設備	3.712598	木材加工品和木、竹、藤、棕、草製品	3.922453	輸配電及控制設備	7.338359	餐飲	1.85E＋08

排序	產業別	向前關聯		向後關聯			總關聯		總產出
27	儀器儀錶	3.70753	有色金屬礦採選產品	3.862505	電線、電纜、光纜及電工器材		7.32844	紡織服裝服飾	1.72E＋08
28	採礦、冶金、建築專用設備	3.700163	化學纖維製品	3.492073	木材加工品和木、竹、藤、棕、草製品		7.277263	其他通用設備	1.71E＋08
29	合成材料	3.684249	房地產	3.460857	畜牧產品		7.028863	有色金屬軋延加工品	1.66E＋08
30	其他電子設備	3.673113	電線、電纜、光纜及電工器材	3.404899	有色金屬礦採選產品		6.740927	專用化學產品和炸藥、火工、焰火產品	1.64E＋08
31	金屬製品	3.664235	輸配電及控制設備	3.402061	電腦		6.716653	鋼、鐵及其鑄件	1.61E＋08
	農藥	3.654262	廢棄資源和廢舊材料回收加工品	3.292513	橡膠製品		6.546092	醫藥製品	1.59E＋08
	…	…	…	…	…		…	…	…
	電信和其他資訊傳輸服務	2.320608	電信和其他資訊傳輸服務	2.658858	電信和其他資訊傳輸服務		4.979466	電信和其他資訊傳輸服務	1.48E＋08

　　單純以產業關聯效果而論，大陸的產業向前關聯係數以電腦為排序第一，向前關聯係數為4.14133，其他依序為文化、辦公用機械、視聽設備、通信設備、化學纖維製品、家用器具、其他交通運輸設備、電子元器件、輸配電及控制設備、電線、電纜、光纜及電工器材、其他電氣機械和器材、電機、電池、泵、閥門、壓縮機及類似機械、塑膠製品、廣播電視設備和雷達及配套設備、塗料、油墨、顏料及類似產品等。產業向後關聯係數則以電力、熱力生產和供應的關聯係數最大為17.25684，其他依序為

精煉石油和核燃料加工品、農產品、貨幣金融和其他金融服務、批發和零售、基礎化學原料、電子元器件、石油和天然氣開採產品等。

　　若以自貿區設置希望成為大陸產業櫥窗的效果，也就是外國人來此採購下單，以區內發展該產業應可帶動大陸投入該產業生產之投入性產業帶動效果，則當審視向前關聯係數高者。若自貿區的設置是讓產品進入大陸成為生產投入（例如區內機機器人產業），讓國外相關零元件可以在此方便組裝用以帶動國內產業生產的效果來看，則當審視向後關聯係數。若既要櫥窗又要成為啟動要素，則當審視總關聯係數（向前向後的總合係數）。以台灣自由貿易區的產業選項，包括智慧物流、健康產業、農業加值產業、金融服務及教育創新在福州自貿區中最可能實現者，則為貨幣金融和其他金融服務及商務服務，蓋貨幣金融和其他金融服務產業在大陸的向後關聯係數高達12.1449，也就是貨幣金融和其他金融服務產業一單位的投入，可以帶動其他產業12.1449倍的產出，總關聯係數高達14.14743，為高效益的兩岸合作項目。另外商務服務的總關聯係數亦高達11.044，也是兩岸共同合作的優選項目。

　　台灣的產業關聯效益整理如下表：

	向前關聯		向後關聯		總關聯		國內生產總值
畜產	2.505	批發及零售	5.761	批發及零售	7.1455	批發及零售	4E＋06
成衣及服飾品	2.4391	化學材料	4.6106	化學材料	6.6112	電子零元件	3E＋06
紡織品	2.3884	鋼鐵	3.5211	鋼鐵	5.573	化學材料	2E＋06
加工食品	2.2883	石油及煤製品	3.5059	石油及煤製品	4.6705	不動產服務	1E＋06
營造工程	2.1537	金融及保險	2.7542	紡織品	4.5881	營造工程	1E＋06

	向前關聯		向後關聯		總關聯		國內生產總值
塑膠製品	2.1277	專業、科學及技術服務	2.7117	加工食品	4.3949	金融及保險	1E＋06
家具	2.1014	電力供應	2.5953	專業、科學及技術服務	4.2483	公共行政服務	1E＋06
金屬製品	2.0939	紡織品	2.1997	金融及保險	4.1125	鋼鐵	1E＋06
其他運輸工具	2.0624	加工食品	2.1066	畜產	4.0983	石油及煤製品	1E＋06
鋼鐵	2.0519	運輸倉儲	2.0964	金屬製品	3.9816	運輸倉儲	1E＋06
化學材料	2.0006	紙漿、紙及紙製品	1.9625	電力供應	3.9815	電腦、電子及光學產品	757628
汽車及其零件	1.9417	金屬製品	1.8876	塑膠製品	3.8952	專業、科學及技術服務	737106
機械設備	1.936	塑膠製品	1.7675	紙漿、紙及紙製品	3.8381	機械設備	717555
燃氣供應	1.9221	農產	1.7131	營造工程	3.6483	教育服務	698960
非金屬礦物製品	1.8781	其他金屬	1.7068	運輸倉儲	3.5899	金屬製品	646715
紙漿、紙及紙製品	1.8755	電子零元件	1.6943	成衣及服飾品	3.5215	其他服務	566948
化學製品	1.8525	不動產服務	1.6081	化學製品	3.4589	電力供應	508640
電力設備	1.8247	化學製品	1.6064	非金屬礦物製品	3.3914	醫療保健及社會工作服務	485228
其他製品及機械修配	1.812	污染整治	1.599	污染整治	3.3786	住宿及餐飲	463532
印刷及資料儲存媒體複製	1.7998	畜產	1.5934	其他製品及機械修配	3.3555	加工食品	456961
住宿及餐飲	1.791	電信服務	1.5718	電力設備	3.346	電力設備	455627

	向前關聯		向後關聯		總關聯		國內生產總值
污染整治	1.7795	礦產	1.5599	其他金屬	3.3224	紡織品	423727
傳播服務	1.7734	支援服務	1.5535	傳播服務	3.3147	汽車及其零件	378739
橡膠製品	1.763	其他製品及機械修配	1.5435	其他運輸工具	3.3078	塑膠製品	369342
皮革、毛皮及其製品	1.7589	傳播服務	1.5412	汽車及其零件	3.295	電信服務	351817
飲料	1.746	電力設備	1.5213	電子零元件	3.276	其他金屬	293271
電腦、電子及光學產品	1.7439	非金屬礦物製品	1.5133	機械設備	3.2616	其他製品及機械修配	273417
用水供應	1.7026	營造工程	1.4946	農產	3.2345	支援服務	262530
藥品	1.6879	用水供應	1.4098	家具	3.1592	非金屬礦物製品	262505
漁產	1.6264	汽車及其零件	1.3532	印刷及資料儲存媒體複製	3.1483	其他運輸工具	233824
其他金屬	1.6156	印刷及資料儲存媒體複製	1.3485	用水供應	3.1124	化學製品	232759
電子零元件	1.5817	機械設備	1.3255	電信服務	3.07	農產	226331
木材及其製品	1.5575	公共行政服務	1.3234	住宿及餐飲	3.0114	資訊服務	189276
專業、科學及技術服務	1.5366	其他服務	1.3184	燃氣供應	2.989	紙漿、紙及紙製品	187798
農產	1.5214	其他運輸工具	1.2453	支援服務	2.9642	傳播服務	175877
電信服務	1.4982	藥品	1.2381	不動產服務	2.9533	藝術、娛樂及休閒服務	147536
運輸倉儲	1.4935	住宿及餐飲	1.2204	橡膠製品	2.9443	畜產	136319

	向前關聯		向後關聯		總關聯		國內生產總值
藝術、娛樂及休閒服務	1.4861	橡膠製品	1.1813	藥品	2.926	污染整治	124166
其他服務	1.4813	木材及其製品	1.1477	礦產	2.9075	印刷及資料儲存媒體複製	98315
醫療保健及社會工作服務	1.4289	皮革、毛皮及其製品	1.1297	皮革、毛皮及其製品	2.8887	礦產	96956
支援服務	1.4107	資訊服務	1.1104	電腦、電子及光學產品	2.832	橡膠製品	92096
資訊服務	1.3878	藝術、娛樂及休閒服務	1.1051	其他服務	2.7997	飲料	87857
電力供應	1.3862	醫療保健及社會工作服務	1.0948	飲料	2.767	漁產	86471
批發及零售	1.3845	電腦、電子及光學產品	1.0881	木材及其製品	2.7052	成衣及服飾品	75517
金融及保險	1.3583	成衣及服飾品	1.0824	漁產	2.6696	藥品	65876
礦產	1.3476	教育服務	1.0806	公共行政服務	2.6224	家具	65166
不動產服務	1.3452	林產	1.0733	藝術、娛樂及休閒服務	2.5912	皮革、毛皮及其製品	50527
公共行政服務	1.2991	燃氣供應	1.0668	醫療保健及社會工作服務	2.5237	燃氣供應	40547
林產	1.253	家具	1.0578	資訊服務	2.4982	木材及其製品	40412
教育服務	1.2446	漁產	1.0432	林產	2.3263	用水供應	37126

	向前關聯		向後關聯		總關聯		國內生產總值
菸	1.1946	菸	1.0394	教育服務	2.3252	菸	30952
石油及煤製品	1.1646	飲料	1.021	菸	2.2339	林產	2106

在總關聯效益及產業產值上，金融保險及專業、科學及技術服務上，總關聯效益高且國內產值亦相對較高，台灣在這些項目上亦是首選。

由上述分析可知，福州自貿區的成立在海峽兩岸的產業對接展望上，金融保險及商務服務、智慧物流及科學技術服務產業，必然有優勢的對接環境及驅動力。此為雙方雙贏的產業連結。

伍、結論

從大陸自貿區的設置經驗，自貿區的建立主要功能在減少政府行政對市場經濟發展的干預，使政府在市場經濟中成為服務型政府的角色。這一點在本文的理論模型中得到驗證，也就是自貿區的劃設切勿以土地優惠為自限，因為固定成本的降低中就會成為經濟租金轉嫁到土地使用者身上，回顧台灣加工出口區及工業區的土地優惠政策，並不能成為產業長期發展的助力，亦可為殷鑑。自貿區主要要著眼於邊際成本下降的因素才是長遠的發展保證，減少政府干預的市場成本固然可以是一項利基，但仍然不夠，另外要有吸引外商進駐，降低外商資訊及物流管理成本的作法，更是自貿區發展成功不可或缺的政策。

外商為進駐主要有下列的優勢：一、降低代理成本：過去貿易要靠中間貿易商、掮客穿針引線，有了自貿區就可以跳過這些中間商，甚且因為地利之便，三方、多方的合作更能有利議價空間；二、集中集聚效果：多

方商辦雲集成市，物流、金流成本都可因為量的規模而得以下降；三、風險規避的效果：各國金融風險、商務風險及各項交易風險皆可透過各國之間自貿區移轉，適度降低風險，其中以金融匯兌的套利、期貨避險行為最為常見；四、串連跨國自由貿易的雙向及多項利益：如前理論模型推衍所述，任何一國採行自由貿易政策或設定自由貿易區，都可以擴大本國與貿易對手國的經濟福利，更何況若雙邊設置自由貿易區，而這些經濟福利當以自貿區內的廠商及人員率先獲利；五、特區屏蔽保護效果：自貿區雖在一國的特定區域實施，但是多有特別法律單行於自貿區內，自然與國內產業形成屏蔽保護效果，例如越南排華運動起，設若越南設有自貿區，則自貿區當可避免於兵燹，同理，制度上可避免資金、匯率及相關物價與區外價格相對波動的密切連結性，亦可視為屏蔽效果，至於缺點的囤積居奇及區內外套利情形亦可能發生。一個國家對於自貿區的設置，本國法制與區內進駐廠商適用的特別法制間應當如何取其利而避開其弊，是非常關鍵的制度設計考量。

　　福州設定自貿區，一方面透過關稅減免擴大了進口加工產品的輸入，使得區域經濟再從事深層加工的產業加值效果擴大，其中擴大產業產出效果中，以金融及貨幣金融服務業最為明顯，但是這部分產業擴大效果最受政府政策影響，因為必然涉及資金及人員移入，而且金融匯兌的限制必須放寬才能達到。從上海自貿區人民幣國際化、利率市場化能夠實現的經驗來看，區域貨幣自由化的自貿區加快了周邊區域經濟的投融資發展，更凸顯出區域自貿區物流中心、金融中心與貿易中心在區域經濟中的地位，也使以自貿區為中心的區域經濟融合到國際經濟發展中。其次則是商務服務的擴充，這一部分擴大蓋因產業關聯性的溢出效果所致。至於直接受到一次效果的農業及運輸倉儲業可能預期下沒有較大的增幅，但是智慧物流的加值部分則會受到商務服務的擴大而增加其向後的關聯效益。雖然農業的產值本來就占GDP較低，農業加值的深度加工目前又皆已大致就緒，較不

會受到自貿特區的技術溢出或產業關聯溢出效果波及，但是運輸倉儲則因為走向智慧物流，使得通信及資訊產業受惠較多，本身的傳統運輸倉儲則僅些微成長，但帶動的整體產值卻可以擴大，這是新一代的物流創新附加價值之所在，不應被忽視。此外，政府的自貿特區應該以區域為核心，進一步擴大各產業及人員的自由度，才能期望其溢出效果進一步的發揮。

參考書目

一、中文部分

中華人民共和國國家統計局，「全國投入產出表」（北京：國家統計局，2012）。

台灣行政院主計處，「2001年台閩地區工商及服務業普查報告」（台北：行政院主計處，2004）。

台灣行政院主計處，「2001年台灣地區產業關聯表暨編制報告」（台北：行政院主計處，2004）。

台灣行政院主計處，「2011年台灣地區產業關聯表部門分類說明」（台北：行政院主計處，2012）。

台灣行政院主計處，「2011年台灣地區產業關聯表暨編制報告」（台北：行政院主計處，2012）。

台灣行政院主計處，「2013年農林漁牧業普查報告」（台北：行政院主計處，2014）。

湯建中，「上海自貿區的設立與輻射」，江南論壇，2013年第11期，頁11。

黃麗薇，「上海自貿區面臨的機遇與挑戰研究──與香港發展的比較」，經營管理者，2014年第11期，頁4。

劉碧珍、陳添枝、翁永和，國際貿易：理論與政策（第四版）（台北：雙葉書廊，2014）。

二、英文部分

Hughes, D. W., "Policy Uses of Economic Multiplier and Impact Analysis," *Choice*, 2003, Vol. 2, pp. 25-29.

Miller, R. E., and P. D. Blair, *Input-Output Analysis-Foundations and Extensions* (Englewood Cliff, New Jersey: Prentice-Hall Inc., 1985).

福建自由貿易試驗區廈門片區管理體制創新

成正

（廈門市委黨校政治學教研部講師）

摘要

　　自貿區建設是在新形勢下推進改革開放的重要內容，也是順應全球經貿發展新趨勢。福建自由貿易試驗區廈門片區建設自2015年掛牌以來，在投資服務、試驗任務、通關環境、產業發展、金融創新、對台合作等方面形成一批富有廈門特色、具有推廣價值的試點經驗和成果，這主要得益於福建自貿區（廈門片區）政府服務、投資管理、監管模式、信用管理等各方面的創新。然而，福建自由貿易試驗區廈門片區管理體制還存在監管快速反應不足，創新主動性、前瞻性不夠，法律法規有待建立健全等問題。為進一步推動福建自由貿易試驗區廈門片區管理體制創新，需要在部門協同管理、提升資訊化水準、健全信用體系、完善法律法規體系上下工夫。

關鍵詞：福建自由貿易試驗區、廈門片區、管理體制、創新

　　「中共十八屆三中全會」明確指出：科學的宏觀調控，有效的政府治理，是發揮社會主義市場經濟體制優勢的內在要求。必須切實轉變政府職能，深化行政體制改革，創新行政管理方式，增強政府公信力和執行力，建設法治政府和服務型政府。圍繞這一目標，中共中央、國務院做出建立自由貿易試驗區的戰略決策部署，2013年9月29日成立中國（上海）自由貿易試驗區，在此基礎上，於2015年4月21日成立廣東、天津、福建三大自由貿易試驗區。國家實施「1＋3」的對外開放新格局，是在新形勢下推進改革開放的重要內容，也是順應全球經貿發展新趨勢，按照現代市場化、工業化生產方式的經濟規律和開放發展的要求，讓市場在資源優化配置中起決定性作用的重大舉措。福建自貿試驗區建設自掛牌以來一直是大家關注的熱點和焦點。作為福建自貿試驗區的重要組成部分，廈門片區試點工作開展一年多來，也推出一系列富有成效的改革創新舉措和便利化措施。本文就福建自由貿易試驗區廈門片區管理創新進行總結歸納，針對存在的問題提出對策和建議。

壹、福建自由貿易試驗區廈門片區管理體制創新緣由和理念

　　設立福建自由貿易試驗區廈門片區的因緣很多，其中很重要的一條，就是在對外開放進程中全面對接台灣，進而透過台灣與大陸之間相互合作交流，回應全球經貿發展新趨勢，發揮福建，尤其是廈門在兩岸和平發展戰略中的支點作用。

　　《廈門市志》第一句話就是「廈門設市就是為了對台」。設市以來，尤其是1980年代以來廈門在深化兩岸交流合作、促進祖國統一大業方面扮演著極其重要的角色。當然，這裡離不開中央對福建，尤其是廈門給予海西較大的自主空間和特殊政策。然而，隨著大陸改革開放的不斷推進、市

場經濟的深入發展以及兩岸經濟、文化和其他各個領域的交流合作逐步正
常化和自由化，先期賦予廈門特區先行先試的地位、角色與政策，都因時
空環境變化或逐步淡出，或影響力減弱。[1] 在這種背景下，福建，尤其是
廈門必須要緊跟改革開放的步伐，與時俱進地積極推進自貿區建設。其
中，核心要義就是應對新一輪的全面深化改革，兩岸和平發展新形勢新要
求，主動消化兩岸交流過程中的「硬骨頭」，盡可能消除行政壁壘。

當前，福建（廈門）對台交流已經從低級階段走向高級階段，相對於
以前透過諸如降低地價、稅收返還等優惠政策吸引台商來沿海投資設廠。
如今更多的是從管理層面、制度層面來挖掘潛力，以釋放更多的改革紅
利。為此，管理創新、制度創新在加強對台經貿交流合作尤為重要。而自
貿區推出的每一個創新都反映出政府管理理念的轉變。就目前對台經貿交
流現狀，在兩岸政治問題尚未完全解決的情形下，從行政管理層面探討和
實踐如何改善政府與市場之間的關係，可以成為對台經貿交流先試先行的
突破口，也可以成為下一階段兩岸政治關係妥善解決的「鋪路石」。

在對台交流過程中，先前更多是強調「你和我之間（大陸和台灣）」
互惠互利，更多的是讓利台灣人民。而在自貿區建設的大背景下，從行政
管理層面來看，則需要更多關注政府讓利於市場、讓利於企業。用李克強
總理的話說，就是給市場「讓」出更大空間。這種讓利正面效應很多，不
僅可以消除政治干擾，更可以激發市場的活力。要增強兩岸企業經貿合作
的活力，離不開自貿區政府管理體制改革，進一步提高政府在對台交流過
程中的效率，減少政府過多地干預微觀經濟，讓市場起決定配置資源作
用。簡單的說，為兩岸企業進出口貿易提供更加便利、更加高效的管理模
式。

要實現便利、高效的管理模式，福建自由貿易試驗區廈門片區建設須

---

[1]　謝啟標，積極推進廈門自貿區建設的路徑思考，廈門特區黨校學報，2015年第1期，頁1-7。

遵循以下幾個理念：

　　一是從管理型向服務型政府治理模式轉變。李克強總理在福建自由貿易試驗區廈門片區象嶼綜合服務大廳考察時指出，「政府監管不是單純的『管』，而是一種服務，服務得好，就能調動企業熱情，激發市場和社會的活力。」當前，兩岸之間不是戰爭狀態，我們不需要統治型治理模式。如今大陸基本上屬於市場經濟時代，也不需要管理型治理模式。而要實現與台灣對接，唯有建立「政府─市場─社會」多元主體的服務型政府治理模式。自貿區內政府就要樹立這種治理模式理念，在相關行政制度、管理制度設計和出爐的過程中，政府要更廣泛地聽取市場、社會、公眾的訴求與意見，實現從內部操作向公開運行的轉變，從單一治理向共同治理轉變。

　　二是注重依法、規範、高效的管理能力和體系建設。「依法」體現依法辦事的法治意識，「規範」體現國際化、標準化的基本要求，「高效」則彰顯與開放經濟、市場經濟相適應的基本時代特徵。[2] 如今，依法、規範、高效成為國際貿易中的共識。在國際貿易中，交易的主體是企業，國外（境外）企業與國內企業對接，企業各種市場主體的交易離不開一個通用、共識的規則。如今，大陸與台灣經貿交流中很大一個分歧也源於此。因此，在對台經貿交流中，自貿區的政府職能轉變就必須法治化、國際化、規範化，對市場、社會、經濟活動的監管都要體現依法行政、規範行政和高效行政的客觀要求。

　　三是科學合理地界定和劃分自貿區與中央之間事權關係。自貿試驗區重在「試驗」，其設立很關鍵的一條，就是在集權與分權的界定，並且盡可能的細化，形成中央向地方放權，自貿區政府自身簡政放權、深化行政

---

[2]　參見廈門自貿區管委會副主任陳敏解讀「自貿區政策創新與便利化舉措」，廈門市人民政府網，2016年3月2日，www.xm.gov.cn/ftzb/zmqzzcxyblhjc/。

審批制度改革、提高行政管理效能，自貿區還要加強區內公共服務、市場監管、社會管理和環境保護職責，中央主要負責宏觀調控、全國性公共安全和公共服務自上而下的政府能力體系建設。為此，自貿區要按照「十八屆三中全會」要求，不斷優化機構設置、職能配置、工作流程，建立決策權、執行權、監督權，既相互制約又相互協調的行政運行機制。

四是明確政府與市場之間的邊界。「十八屆三中全會」指出，「建設統一開放、競爭有序的市場體系，使市場在資源配置中起決定性作用。」這是中央對政府與市場之間的定調。這意味著自貿區所在地政府根據這一基礎性的原則要求，進一步明確政府與市場關係的邊界，明確市場的決定性作用。為此，要劃定邊界，如哪些是政府的職能？哪些是市場的作用？政府與市場如何分工。明確邊界後，制定邊界清單就有了依據，自貿區政府就可以制定各自的邊界清單，透過劃分大類、中類、小類等形式具體逐一列出政府、市場的職責清單，以便執行。

貳、廈門片區管理體制創新作法及不足之處

福建自由貿易試驗區廈門片區總面積43.78平方公里，專門成立福建自貿試驗區廈門片區推進工作領導小組。時任省委常委、市委書記王蒙徽兼任領導小組組長，市長裴金佳兼任領導小組第一副組長。設廈門片區管委會，由一名主任（廈門副市長倪超兼任）、四名副主任、八個局和二個辦事處組成。其目標是，經過三至五年的改革試驗，積極推進服務業擴大開放，大力發展新興產業，加快探索金融服務創新，形成優質完善的發展環境、集聚高效的產業空間布局和不斷拓展的產業功能框架，著力培育國際化、法制化、市場化營商環境，著力建設成為全市產業轉型升級先行區、兩岸融合發展試驗區、具產業活力和創新能力自由貿易示範區。圍繞這一目標，廈門片區開展了下述各項管理體制創新，並取得較好的成效。

一、成效作法

按照中共中央、國務院的決策部署，一年多來廈門片區深入貫徹落實李克強總理「先行先試，敢闖敢試，顯現特色，活力四射」的重要指示精神，解放思想，先行先試，堅持以制度創新為核心，突出對台特色和優勢，對標國際先進，制定出爐了90多項政策措施，全面推動政府職能轉變，加快制度創新，著力推進投資貿易便利化，創新監管服務模式，創新金融服務，深化兩岸交流合作，加強事中事後監管，完善法治化環境，形成一批富有廈門特色、具有複製推廣價值的試點經驗和創新成果。截至2016年5月，福建省通報的126項創新舉措和39項開放措施中，廈門片區分別有62項和28項。其中，廈門推出屬全大陸首創的創新舉措30項，「一照一碼」獲李克強總理「點讚」在全國複製推廣，國際貿易「單一窗口」被評為全國自貿試驗區「最佳實踐案例」，兩岸青年創業基地率先獲國台辦授牌「海峽兩岸青年創業基地」。能取得這樣的成效，離不開管理體制的創新，主要體現如下：[3]

一是創新政府服務。廈門片區以率先探索實施「一照一碼」商事登記制度改革為切入點，實行企業註冊「全程電子化」；以「多規合一」為抓手，形成一張圖紙、一個平台、一張表格、一套機制的「四個一」工作機制；加快推進投資管理體制改革深化，優化整合政府審批服務職能，建立「一口受理、部門分辦、統一出件」「一站式」服務機制，不斷提升企業投資服務水準。

二是創新投資管理。實施「准入前國民待遇＋負面清單＋備案管理」的管理模式，企業可選擇在商事登記前或登記後30個工作日內備案，外商

---

[3] 參見廈門自貿區管委會副主任陳敏解讀「自貿區政策創新與便利化舉措」，廈門市人民政府網，2016年3月2日，www.xm.gov.cn/ftzb/zmqzzcxyblhjc/。

投資更加開放和便利；推進實施「一照多址」和「一址多照」。允許商事
主體區內註冊，區外經營，即住所與經營場所分離；實施「走出去」戰
略。建立「走出去」政策促進體系，搭建企業「走出去」平台。

　　三是創新監管模式。採用「一線放開」、「二線安全高效管住」模
式，實施關檢「三互」合作，率先實現「監管互認」，推行關檢「一站
式」查驗和網上預約查驗，實行進出境郵件「移動」通關模式，首創「跨
境電商＋郵路運輸」，實現通關「零等待」和差別化稽查管理新模式。率
先開展按狀態分類監管和「空檢海放」、「修理物品＋保稅倉庫」等便利
措施，通關效率提高50%以上。

　　四是創新信用管理。考慮到監管重點由「事前」轉向「事中事後」，
由「重審批、輕監管」轉向「寬准入、嚴監管」，廈門片區及時予以配套
管理創新，首創協力廠商信用評級、信用聯合懲戒和統一聯合有獎舉報制
度，上線運行自貿試驗區商事主體信用平台。

二、創新啟示

　　從自貿區探索和建設過程中現有的成功經驗來看，清單模式、審批模
式、監管模式等「三個轉變」成為自貿區管理體制創新的通用模式，值得
予以重點總結和推廣。

　　清單模式方面，實現從正面清單向負面清單轉變，充分發揮市場的決
定作用和政府的積極作用。傳統的行政管理模式下，政府的職能就是定目
錄，明確企業或者個人可以投資，或者政府鼓勵投資的產業或項目，告知
企業或者個人的投資和經營方向。如果不符合這種管理模式要求或者沒有
納入到指定目錄或方向，通常就會認為是違法或違規，這樣就面臨被取締
或者經濟、行政懲罰風險。如今，自貿區內通常實行負面清單，明確列明
禁止或者限制投資的產業或者產品目錄，而不是允許投資的產業或者產品
目錄，也即列出不能幹的清單。這充分印證了李克強總理在十二屆全國人

大二次會議答記者問所說的：「我們要努力做到讓市場主體『法無禁止即可為』，讓政府部門『法無授權不可為』精神。」這意味著政府權限有限，市場活動範圍和邊界擴展。甚至，世界各國自由貿易區負面清單的目錄，將會隨著時間的延續而減少。

　　審批模式方面，實現從核准制到備案制的轉變。所謂核准制，主要是指企業、居民所有投資和經營行為都必須經過政府管理部門的審核和認可，否則這些投資和經營行為將不會得到政府的認可，也得不到相關法律的保障。[4] 這意味著，如果企業沒有提交生產和經營申請，沒有接受政府對其資格、技術條件、廠房條件等方面的審核，其生產和經營行為構成違法行為。這種模式具有前置性，容易產生政府對企業和居民投資和經營行為的干預，無疑會增加投資成本，縮小經營範圍，進而影響企業進行投資和經營活動的積極性。為此，無論是《中國（上海）自由貿易試驗區總體方案》，還是《中國（福建）自由貿易試驗區總體方案》都規定，在自貿園區內，負面清單以外領域，外商投資項目由核准制改為備案制；將外商投資企業合同章程審批改為備案管理。這樣，前置轉為後置，企業投資和經營空間增大。

　　監管模式方面，實現靜態監管轉向動態監管。在傳統的監管體制下，企業離不開政府的審批或核准，政府也僅對企業或個人投資與經營的事前監管和文本監管等靜態監管。而在備案制及負面清單管理模式下，政府注重過程監管、動態監管。在核准制下，企業要主動上報資料，政府要逐一驗證企業資料，逐項予以審批、核准。但核准制重心在於對文本的監管，也就是實物與文本的相符、文本與法律是否相符。如今，自貿區實行備案制，政府對企業投資和經營活動的事前監管、文本監管過程在很大程度上基本失靈。這將意味著政府作為監管者，就必須清楚企業投資、經營和生

---

[4] 趙紅軍，上海自貿區政府監管：挑戰與對策，上海盟訊，2013年12月31日。

產的整個過程，並能將政府監管的工作內容與這些過程之間建立全面的連結關係。否則，自貿區政府很難監管此類業務。

三、不足之處

作為服務貿易體制機制改革的試驗田，福建自由貿易試驗區廈門片區管理體制方面還存在一些不足。

一是尚未形成綜合監管快速反應機制。目前自貿區監管覆蓋面寬，但部門分置、缺乏聯繫，法律制定、執行、識別、監管、授權等缺乏整合。改革舉措推進的協同性不夠，不同部門改革重點、次序、節奏不一致，以致改革措施不統一、不配套、不協調。

二是創新工作還有待大膽突破、敢闖敢試。隨著改革的深入，在營造國際一流的營商環境、深化對台交流合作等方面，制度創新在省內遙遙領先，但是相對於上海自貿區，管理創新本土首創、主動首創、長遠謀劃方面還有待突破、超越。

三是自貿區運作機制還有待進一步完善。自貿辦各相關單位推出的創新舉措的力度差異較大，有些創新舉措還比較碎片化。有些創新舉措雖已提出，但是操作細則未及時跟上。如金改「30條」由於缺少實施細則而難以落地推動。

四是自貿區內管理創新還缺乏法律支撐。目前來看，自貿區建設主要依據由國務院同意批覆的自由貿易試驗區總體方案和備案管理辦法，福建省自貿區辦法也出爐，但還需盡快建立一整套符合廈門特色的法律保障體系。

參、進一步推進福建廈門片區管理體制創新的對策和建議

自貿區建設既是一個對外開放的重要窗口，也是推進國內行政改革的

重要平台。自貿區建設很重要的一個意義，就是要把改革開放與制度創新結合起來，探索政府如何管理市場、服務市場，推動投資貿易便利化；探索如何劃清政府與市場的界限，讓市場在資源配置中起決定性作用；探索如何提高政府服務的透明度、便捷度，透過改革審批制度促進經濟持續發展。據此，福建自由貿易試驗區廈門片區需要進一步樹立先行先試、敢闖敢試的理念，堅持「五大發展」，尤其是要突出「創新」在自貿區管理體制改革中的作用，切實在實施自貿區試點戰略中積極推進有限政府、服務型政府、法治型政府建設，厚植開放發展的比較優勢，打造國際一流營商環境。

一、健全部門間協同管理，形成綜合監管快速反應機制

　　部門協同管理有利於同步發力，形成合力，實現有效快速監管。具體來說，可以從三個方面入手，一是規劃協同。根據自貿試驗區總體方案，部門制定發展戰略和創新改革五年規劃，明確重點任務和配套措施。二是管理協同。建立福建自由貿易試驗區廈門片區聯席會議制度，定期或不定期就自貿試驗區的重大問題進行會商。三是政策協同。建立評估落實機制，對自貿試驗區的實施成效進行評估。目標是，透過規劃、管理、政策和事前、事中、事後全過程的協同，及時、有效、同步全面推進自貿區管理創新，以利實現綜合監管快速反應。

二、加快推進政府智慧化建設，實現公共服務和監管一體化

　　當今世界，監管智慧化建設是服務型政府一個重要內容，自貿區更是離不開智慧化、資訊化建設。一是建立資料庫共享平台，消除行政機構內部分割。如整合註冊備案管理、行政許可管理、日常監管、應急管理、稽查執法、信用評定等資訊系統，建立打通海關、質檢、工商、稅務、外匯等各部門的共享平台；二是建立企業基礎資料庫，動態掌握企業資訊。記

載各監管部門對自貿區註冊企業經營情況的資訊，從源頭上有效規避企業違規經營風險，有利於監管科學化、精細化和資訊化目標的實現。在此基礎上，建立能夠與企業業務流程全面對接的電子化、智慧化和高科技的監管服務體系。

三、加快自貿區信用體系建設，推動企業誠信合法投資經營

　　信用體系的建設，突出監管與受監管之間的相互信賴。在激發受監管者活力的同時，對不守法的監管對象予以懲戒。可從兩個方面入手，一方面是鼓勵企業守信。建設自貿區信用體系示範工程建設，構建「守信激勵、失信懲戒」的信用激勵約束機制。另一方面，推動企業自律。根據區內企業營運能力及自律程度，在自貿區內進行「分級監管」，建立以誠信為基礎的分類風險管理機制。針對符合一定規模、風險管控等條件的企業，簽訂自律條款；針對從事高風險業務的企業，引入擔保管理制度；針對違法投資和經營的企業，予以公示曝光。

四、完善自貿區法律法規，增強行政管理創新法治保障能力

　　法律是改革的制度保障。正如李克強總理所說，「市場經濟的本質是法治經濟」，「建設法治政府尤為根本」。要建設自貿區，法治要跟上，企業才有信心投資經營，政府才有法可依，充分施展拳腳。為此，福建自由貿易試驗區廈門片區制度創新應以全面、規範的自貿區法律體系為基礎，包括人才、投資、技術、生產因素移動等限制及法規的突破，以及在最短的時間內構建「自貿區法律保障體系」。主要分三階段進行，第一階段，透過行政法規調整，全面深化行政審批改革，讓自貿區政府自身鬆綁。第二階段，在福建自由貿易試驗區廈門片區建設若干規定的基礎上，完善與自貿區相適應的系列管理制度。第三階段加快建立與國際通行規則接軌的仲裁制度，完善的投資經營爭端解決機制。

　　總的來說，推進自貿區政府管理體制創新是一項系統工程，既需要加快系列配套基礎設施和資訊平台等「硬體」建設，也需要提升「軟體」水準，諸如法律框架、政策支援、先進的服務意識和監管手段，在管理理念、管理機構、管理技術、管理人才等各個方面不斷的探索、創新。

參考書目

陳敏，「自貿區政策創新與便利化舉措」，廈門市人民政府網，2016年3月2日，www.xm.gov.cn/
　　ftzb/zmqzzcxyblhjc/o。

趙紅軍，「上海自貿區政府治理能力提升的方向與路徑」，**聯合時報**，2014年4月11日。

趙紅軍，「上海自貿區政府監管：挑戰與對策」，**上海盟訊**，2013年12月31日。

謝啟標，「積極推進廈門自貿區建設的路徑思考」，**廈門特區黨校學報**，2015年第1期，頁1-7。

地方制度創新的困境與路徑
——以福建自貿試驗區建設爲例

王利平

（福建省委黨校福建行政學院法學教研部副教授）

摘要

　　自改革開放以來，地方制度創新始終是改革的重要推動力。本文以大陸自貿試驗區建設為例，就如何理解自貿試驗區是制度創新的高地予以闡述，進而分析地方制度創新中的困境，即存在行政邏輯代替市場邏輯，和用政績導向代替問題導向兩個病症。在困境分析的基礎上，結合對福建自貿試驗區立法的相關思考，指出地方制度創新要處理好四個關係：中央事權與地方事權的關係；借鑑複製與本土經驗的關係；改革創新與法治保障的關係；集中規制與分片調適的關係。同時，進一步明確地方制度創新的方向和軌跡：產業合作－社會融合－治理改善－制度創新；管制思維－法治思維－法治路徑－多方共贏。

關鍵詞：制度、創新、自貿試驗區、路徑依賴、計劃經濟

建立自由貿易試驗區是中共中央國務院做出的重大戰略部署。自貿試驗區建設是從2013年9月中國（上海）自由貿易試驗區掛牌開始。2015年4月中國（天津）自由貿易試驗區、中國（廣東）自由貿易試驗區、中國（福建）自由貿易試驗區相繼掛牌。至此，自由貿易試驗區建設作為一項國家戰略開始全面推動。2016年8月，中共中央國務院決定，在遼寧省、浙江省、河南省、湖北省、重慶市、四川省、陝西省再新設七個自貿試驗區，自貿試驗區建設開始由東部向中西部推進，這標誌著自貿試驗區建設進入新階段。眾所周知，自貿試驗區建設的關鍵是制度創新。近幾年來，相關省市的自貿試驗區建設，既輸出了一批有益的經驗，正在複製和推廣之中；同時，也存在一些問題，亟待透過進一步深化改革，擴大開放予以解決。如何有效推動自貿試驗區成為地方制度創新的「試驗田」？如何讓自貿試驗區名副其實地成為地方制度創新「領頭羊」？在地方制度創新中，如何激勵和保護自貿試驗區各級幹部的積極性？在地方制度創新中，自貿試驗區如何處理好中央與地方的關係？這些問題的回答，必然涉及地方制度創新的困境和路徑問題，深入觀察自貿試驗區建設，為進一步思考上述問題提供了契機，本文就是在這一背景下展開。

壹、如何理解自貿試驗區是制度創新的高地？

1949年後，大陸發展歷程可以概括為三個階段：階級鬥爭－經濟建設－制度建設。這三個階段是逐步向前推進的，階級鬥爭導致物質文化匱乏，人民日益增長的物質文化需要與落後的社會生產之間的矛盾，成為當時社會的主要矛盾。改革開放三十多年，上述這一矛盾是否還是大陸社會的主要矛盾呢？近些年來，我一直在做大陸社會治理（包括社會穩定和民眾維權）問題研究。在研究中發現，目前，大陸社會的主要矛盾已經發生變化，人民日益增長的權利訴求，與滯後的管理體制和管理方式之間的矛

盾，正在成為社會的主要矛盾。有鑑於此，「十八屆三中全會」提出「國家治理體系和治理能力現代化」，就是要實現管理體制和管理方式現代化，核心是制度現代化。依據「十八屆四中全會」決定，全面推進依法治國是實現制度現代化的根本途徑。

從1978年開始，貫穿改革的一條主線就是：勘定國家與社會之間的邊界，讓過度集中的政府權力逐步從社會生活中退出，並受到憲法和法律的約束，讓地方擁有更多制度創新的空間。基於此，中央首先從農民腳下的土地開始，實行家庭聯產承包責任制，推動地方制度創新，從此踏上改革的征程。改革三十多年來，中央高度重視地方制度創新，也不斷推動地方開展制度創新，從改革初期延續至今：經濟特區－經濟開發區－保稅區－綜合試驗區－新區－自貿試驗區。我認為，當下地方制度創新的重點在於：解決人民日益增長的權利訴求，與滯後的管理體制和管理方式之間的矛盾，實現國家治理現代化。為此，地方制度創新必然更多是落在政府自身的改革上，具體體現在政府職能的轉變上，自貿試驗區在過程中必然起到試驗田和突破口的先導作用。在中央全面深化改革領導小組召開第十七次會議上，習近平總書記指出：「中央通過的改革方案落地生根，必須鼓勵和允許不同地方進行差別化探索。」「既鼓勵創新、表揚先進，也要允許試錯、寬容失敗，營造想改革、謀改革、善改革的濃郁氛圍。」[1]

從世界自貿園區建設經驗來看，靈活高效的政府管理，是不可或缺的制度條件。因此，如何提高行政效率，也是當下自貿試驗區透過制度創新實現政府職能轉變的重要內容。以福建自貿試驗區建設為例，自2015年4月21日掛牌以來，透過地方制度創新，行政效率顯著提高，並輸出一批可複製推廣的經驗。

---

[1] 「習近平主持召開中央全面深化改革領導小組第十七次會議」，新華網，2015年10月13日，http://news.xinhuanet.com/politics/2015-10/13/c_1116812201.htm。

　　一是大力推進商事登記改革。在全國率先推廣「一照一碼」，「一照一碼」從新設企業拓展到存量企業，電子營業執照全面實施。企業設立全面實行「一表申報、一口受理、一照一碼、一章審批、一日辦結」服務模式，企業設立由29天縮短到最快一天。外資企業備案、企業資質備案與企業設立「一口受理」。實行企業名稱自助重查、自主申報。[2]

　　二是大幅精簡項目審批程序。首創投資體制改革「四個一」模式，廈門片區實行「多規合一」和項目審批「一張表」，項目立項到施工許可由原來的180個工作日縮短到49個工作日，並在全國率先立法推動這項改革。平潭片區社會投資項目審批，從選址到竣工驗收規範為四個階段，每個階段都採用「一表申請、一口受理、一章審批、一次出件」，申請資料從250項減少到19項，項目審批時限從原來平均一年壓縮到93個工作日以內。[3]

　　三是大量節省企業辦事時間。福州、廈門和平潭三個自貿片區綜合服務大廳功能逐步完善，80%以上的省級和大部分市級行政許可事項已下放自貿試驗區實施。福州自貿片區綜合服務大廳設立服務窗口77個，入駐部門35個，將時限壓縮到法定時限的30%以內。[4]

　　綜上所述，為了與高標準國際貿易投資規則對接，福建自貿試驗區制度創新正在引領福建新一輪改革開放。

貳、地方制度創新中的困境：基於自貿試驗區建設的觀察

　　從制度經濟學的角度來看，促進經濟增長的資本包括金融資本、自然

---

[2] 參見福建自貿試驗區領導小組辦公室福建自貿區發展研究中心編，走進福建自貿試驗區（第一版）（福州：福建人民出版社，2016年4月），頁7。

[3] 同前註。

[4] 同前註。

（實物）資本、人力資本、制度資本和社會資本。依據制度經濟學的基本原理，判斷一國或地區制度的優劣，其衡量的標準就是，該制度促進還是阻礙了交易的發生與深化。如果一國或地區的制度，在質和量上，促進了市場交易最大化，可以認為該國或地區具有較高的制度資本。與此相反，當制度阻礙了市場交易發生，使交易成本變高，一切由此產生的成本被稱為「制度成本」。改革開放以來，台商在大陸的投資，主要有賴於大陸廉價的勞動力（人力資本）和土地（自然資本）帶來的競爭優勢（在世界市場中占有重要份額），其中以富士康為典型代表。近年來，大陸因廉價勞動力和土地帶來的競爭優勢正在逐漸減弱，部分台商開始撤離大陸，轉向其他地區或國家（比如越南）投資，或者回流台灣，富士康開始在印度建廠。[5]

　　根據波士頓諮詢集團的研究，在製造業的成本上，中國與美國相較，已經由2004年的14%下降到2014年的4%。由此可見，在世界製造業市場上，中國的低成本競爭優勢正在喪失。若按這一發展趨勢，2020年左右，中美之間的製造業成本差距將不復存在。同時，就中美兩國勞動力成本進行比較，中國製造業雖然在數量上（每小時人工成本約為三美元左右）具有明顯優勢，低於美國製造業（每小時人工成本在35美元左右）。然而，從發展態勢看，2004年至2013年兩國製造業每小時人工成本增長率，中國增長超過200%，年均增速超過10%；而美國增長僅為27%，年均增速不足3%。再以過去十年中美兩國勞動生產率比較，中國製造業勞動生產率增速低於勞動力成本增幅；而美國製造業勞動生產率年均增速接近5%，高於勞動力成本增長速度。[6] 如何更加吸引台商到大陸投資，保持其在世界市場上較強競爭力，尤其是讓台商參與大陸自貿試驗區建設，推動制度創

[5] 林瑞華，「大陸台商轉型升級分析：以富士康為例」，海峽通訊（福州），2015年第11期。

[6] 余典範，「把握新常態下的『變與不變』」，解放日報（上海），2016年3月8日，版10。

新，降低制度成本，已成為亟待破解的難題。

　　福建自貿試驗區的定位是「立足兩岸，服務全國，面向世界」，毫無疑問，台灣元素在福建自貿試驗區建設中具有特別重要的意義。

　　過去三十多年，福建在兩岸經貿往來取得一定成績，但與「珠三角」和「長三角」相較，在廉價勞動力和土地所帶來的機遇期，福建在吸引台商投資上成效一般。近二十多年，從台商投資大陸比重來看，「長三角」占40％，「珠三角」占40％，福建僅占10％，其他地區占10％。

　　為了方便台灣投資者在大陸選擇投資城市，自2000年開始，台灣地區電機電子工業同業公會（以下簡稱電電公會）每年對已赴大陸投資的台灣企業母公司進行問卷調查，發布「大陸地區投資環境與風險調查」，設計了「城市競爭力」、「投資環境力」、「投資風險度」、「台商推薦度」等評估體系，對台商投資密集城市的投資環境與投資風險予以評判，並在此基礎上形成報告，該報告被譽為「台商投資風向標」。電電公會《2014年中國大陸投資環境與風險調查報告》中顯示：中國大陸被列入評估的共有115座城市，在「城市綜合實力排行榜」前十位中，福建省只有廈門島入列，而蘇州連續六年獲得第一名。眾所周知，福建自貿試驗區獲批，主要基於福建在兩岸交往中扮演重要角色。然而，從歷次報告所揭示的情況來看，福建省幾大城市的營商環境評價均偏低。同時，根據《2014年中國大陸投資環境與風險調查報告》資料顯示，台商在大陸擴大投資生產比例從2010年的53.02％逐年衰減到2014年的40.28％；同時，回流台灣的比例逐年上升，從2010年的37.20％到2014年的47.12％，已超過對大陸的投資。[7]

　　福建自貿試驗區研究院課題組在調研中發現，雖然目前福建自貿試驗區（福州、廈門和平潭三個自貿片區）出了許多有力度的對台政策和措

---

[7]　韓雨亭，「對於福建自貿區，台商為什麼還在觀望？」，經濟觀察報，2015年6月1日。

施，然而對福建自貿試驗區建設持觀望態度的台商為數不少。《經濟觀察報》記者曾經採訪一位台商，該台商說：「我想大家保持觀望，主要是基於對福建省營商環境的顧慮，作為商人，肯定會將投資安全性放在首位，不在乎是不是自貿區，或者其他名目的經濟示範區。」[8] 因此，在自貿試驗區建設上，福建要把握住新機遇，就要從制度創新著眼，做改革開放的「領頭羊」，才能在新一輪競爭中勝出。

觀察各自貿試驗區的制度創新，存在以下兩個問題：

一是用行政邏輯代替市場邏輯。因為政府作為制度創新的主導者，它本身就具有極為強大的行政邏輯慣性，形成路徑依賴。而自貿試驗區就是要按市場邏輯運行，與國際上高標準的投資貿易規則對接。這樣政府和市場之間就會形成比較麻煩的問題，政府推行的制度創新，與市場所需要的存在較大差距。

這樣，就帶來了第二個問題，用政績導向代替問題導向。在各自貿試驗區建設過程中，政府不斷推出各種各樣的創新舉措，創新呈現碎片化狀態，沒有制度的系統性和整體性，正所謂「創新眼花撩亂，幹部忙得團團轉」，這一切都容易走向滿足主政者政績需要的路徑。於是，在各自貿試驗區的制度創新中，看到更多的是做事方法和手段的創新，難以看到制度發生結構性的變化，這或許就是自貿試驗區制度創新的瓶頸。

其實，自貿試驗區制度創新最為關鍵的著眼點在企業。只要解決企業的問題，制度創新就能水到渠成，而不是流於形式。這裡，還要問一個問題：誰是自貿試驗區制度創新的推動力？其實，自貿試驗區制度創新不僅需要政府去推動，更需要以企業為主體的社會力量的推動。近三十多年來，改革是由政府主導向前推進，這有利於集中力量攻堅克難，同時，也容易產生利益格局的固化，甚至在某些方面主導改革的政府本身成為既得

---

[8] 同前註。

利益者，成為新一輪改革的對象。尤其在自貿試驗區建設中，制度創新的目標就是實現政府職能轉變，革新政府管理。在這一過程中，必然會出現改革動力不足，以及既得利益形成的改革阻力。因此，真正推動制度創新的是企業，透過制度創新，才能降低企業制度成本，獲得更大利潤空間。可以說，企業是自貿試驗區的靈魂，也是自貿試驗區的驅動力。當下，大陸企業及企業家應有這樣的自覺，即由追逐利益走向參與規則制定，力推制度創新。

正是在自貿試驗區推進制度創新的大背景下，2016年8月8日，國務院發布《降低實體經濟企業成本工作方案》（國發[2016]48號）。在方案中明確著力降低制度性交易成本，其中包括五項內容：其一、打破地域分割和行業壟斷，加強公平競爭市場環境建設；其二、深化「放管服」改革，為企業創造更好的營商環境；其三、加快社會信用體系建設，加強智慧財產權保護；其四、提升貿易便利化水準，合理降低服務收費標準；其五、加快剝離國有企業的社會職能和解決歷史遺留問題，減輕企業負擔。隨著這一方案的公布實施，包括自貿試驗區在內的地方制度創新重點和方向更加明晰，降低企業制度成本勢在必行。

參、地方制度創新路徑探討

一、地方制度創新中四個關係的處理：基於福建自貿試驗區立法的視角

2015年5月，受福建省商務廳委託，福建省委黨校福建行政學院和上海財經大學聯合設立的福建自貿試驗區研究院成立專家起草小組，承擔《中國（福建）自貿試驗區條例》（下稱「條例」）草案稿的起草工作，「條例」已於2016年4月1日經福建省第十二屆人大常委會第二十二次會議通過並公布實施。筆者作為專家起草小組的成員，結合參與「條例」起草

過程中相關思考，就地方制度創新路徑探討如下：

（一）中央事權與地方事權的關係

　　所謂事權，簡單說是指一級政府在公共事務和服務中應承擔的任務和職責，政府間的事權劃分是政府職能在各級政府間進行分工的具體體現，由憲法和法律直接予以明確。在《中共中央關於全面深化改革若干重大問題的決定》（下稱「決定」）中指出：「建立事權和支出責任相適應的制度。適度加強中央事權和支出責任，國防、外交、國家安全、關係全國統一市場規則和管理等作為中央事權；部分社會保障、跨區域重大項目建設維護等作為中央和地方共同事權，逐步理順事權關係；區域性公共服務作為地方事權。中央和地方按照事權劃分相應承擔和分擔支出責任。中央可通過安排轉移支付將部分事權支出責任委託地方承擔。對於跨區域且對其他地區影響較大的公共服務，中央通過轉移支付承擔一部分地方事權支出責任。」因此，「條例」作為地方立法，在未獲得中央政府特別授權的情況下，不允許也不能改變中央和地方事權的劃分，更不能直接賦予自貿試驗區管理機構及其片區管委會享有中央事權。目前，在自貿試驗區屬於中央事權的主要包括司法、金融、稅收、國家安全審查、海關、檢驗檢疫、海事、邊檢等，「條例」審慎對待涉及上述內容的章節和條款，不僭不濫。[9]

　　當下，在自貿試驗區建設過程中，現有相關部門行業管理與市場准入之間存在矛盾，這必然會涉及中央與地方在事權方面的重新安排與調整問題。國務院批覆的總體方案中部分試驗任務，實際操作中還需要按照往常程序報國家有關部委批覆同意後才能實施，影響試驗任務落地。因此，地方制度創新，其中關鍵之處就是要透過地方與中央的良性互動，在制度上

---

[9]　王利平，「福建自貿區立法需要處理好幾個關係」，人民政壇（福州），2015年第9期。

實現事權的合理安排，達致既能充分釋放地方活力，又能確保中央權威的終極目標。

（二）借鑑複製與本土經驗的關係

　　基於上海自貿試驗區建設在先，已經積累了一套可複製可推廣的經驗，尤其在自貿試驗區立法方面。為更好地借鑑複製上海經驗，「條例」草案稿專家起草小組由上海和福建兩地專家共同組成。然而，為了從「條例」未來實施效果考慮，在「條例」制定時，專家起草小組充分考慮「條例」本土化的問題，做到借鑑複製與本土經驗充分結合。德國歷史法學派的代表人物薩維尼說：「法律如同民族的語言，是民族精神的體現。」法律是常理常識常情的凝鍊，它首先體現為對本地傳統的尊重，尤其是對本地過往生活經驗的總結。

　　自古以來（尤其是近代），福建蘊含了自由貿易的「基因」，主要體現在：福州馬尾船政學堂，聞名海內外，領風氣之先，「中國問題－世界眼光－炎黃情懷」；泉州是海上絲綢之路起點；福州長樂是鄭和下西洋重要停靠點；平潭是離台灣最近的地方；廈門鼓浪嶼是中國近代城市建設的起點，《鼓浪嶼工部局律例》是中國近代城市法治化管理的開端。以上本土資源，對「條例」的制定，以及福建地方制度創新，均具有很好的借鑑作用。福建人（尤其是閩南人）有「愛拚就會贏」的精神，充分體現「法不禁止即自由」的私法原則，這也是自貿試驗區「自由」的精髓所在。因此，在自貿試驗區各項制度創新時，要做好本土經驗的提煉，尤其是對台特色的體現，在地方制度創新最終落實上，自貿試驗區能做到「上曉天氣，下接地氣，中間有自由空氣」。[10]

---

[10] 王利平，「福建自貿區立法需要處理好幾個關係」，人民政壇（福州），2015年第9期。

（三）改革創新與法治保障的關係

　　改革開放初期，中國大陸經濟特區建設，是在「摸著石頭過河」的指導思想下逐步展開和推進，這對衝破高度集權的計劃經濟束縛具有重大歷史意義。經過三十多年的改革開放，執政黨和各級政府在各方面已積累更加豐富的經驗，具備世界眼光，能夠更從容自信地借鑑國外或其他地區先進經驗。《中共中央關於全面推進依法治國若干重大問題的決定》指出：「實現立法和改革決策相銜接，做到重大改革於法有據、立法主動適應改革和經濟社會發展需要。」基於此，為推進福建自貿區建設快速發展必須立法先行，藉由法律的指引和引領作用確保福建自貿區建設於法有據，以及在制度上實現創新。但是，鑑於自貿區屬於新生事物，各方面都處於探索和試驗階段，本身具有許多不確定性，這是「條例」在制定過程中亟需解決的問題。因此，如何在不違背「條例」的大框架下，確保自貿試驗區制度創新的主動性和積極性，「條例」制定了「試錯條款」，積極探索建立鼓勵創新、寬容失敗、允許試錯、責任豁免的機制。[11]

　　2016年8月31日公布實施的《廈門經濟特區促進中國（福建）自由貿易試驗區廈門片區建設規定》就此進一步細化，其中第三條明確規定：「市人民政府和有關部門應當研究制定支持性政策，激發市場主體活力，營造鼓勵改革創新的良好氛圍。自貿試驗區改革創新中，對於符合改革方向、經過民主決策、程序合法依規、旨在推動工作的失誤，且個人和所在單位沒有牟取私利、未與其他單位或者個人惡意串通損害公共利益的，可以不予或者免予追究相關行政責任；相關主體受到追責時可以提出免責申請。」這樣就使制度創新中的「責任豁免」更具可操作性。

---

[11] 同前註。

（四）集中規制與分片調適的關係

　　福建自貿試驗區由福州、廈門和平潭三個片區組成，這三個片區分屬於不同的行政區域，且差異較大，各具特色。因此，「條例」很難做到按各片區不同特點來規定，只能就各片區的共性問題集中做出規制。但是，如果這樣做，「條例」在對各片區的特點體現不夠的情況下，容易出現與片區實際不相吻合的後果。有鑑於此，「條例」只能是一個「框架性立法」，不可能是「精細性立法」。「條例」要給福建自貿試驗區三個片區留足地方創新的空間，明確「省人民政府和所在地人民政府有關部門按照各自職責，將經濟社會管理權限集中交由自貿試驗區行使」，授權三個片區所在地政府透過相應立法（比如廈門市人大制定《廈門經濟特區促進中國（福建）自由貿易試驗區廈門片區建設規定》）予以細化，這樣福建自貿試驗區三個片區在被「集中規制」的同時，也擁有足夠「分片調適」的制度空間，就能更加實現原則性和靈活性相統一的良好治理。[12]

二、地方制度創新軌跡和方向

（一）產業合作－社會融合─治理改善－制度創新

　　正如前面所言，台灣元素在福建自貿試驗區建設中具有極為重要的意義。基於此，可以沿著以下路徑，推動地方制度創新：產業合作－社會融合─治理改善－制度創新。目前，在福建自貿試驗區（福州、廈門和平潭三個片區）加大地方制度創新的力度，大力借鑑台灣地方治理的成功經驗，積極開展基層治理實驗，在社區營造、老人安養、環境保護等方面，從點（示範點）到面（示範區）予以突破。

---

[12] 王利平，「福建自貿區立法需要處理好幾個關係」，人民政壇（福州），2015年第9期。

（二）管制思維－法治思維－法治路徑－多方共贏

「十八屆四中全會」做出的全面深化依法治國的「決定」，是中央在改革開放關鍵節點做出的頂層設計。「決定」中明確指出，國家治理體系和治理能力的現代化要靠全面推進依法治國實現，進一步明確制度創新要以法治為依歸的改革路徑。在改革開放前，大陸實行高度集中的計劃經濟體制，而計劃經濟體制的核心是管制。由此而形成一整套管制思維（理念），體現在政治、經濟、文化和社會生活的方方面面。改革開放後，大陸由計劃經濟體制轉向市場經濟體制，從強調以政府為主導的經濟管制，轉向強調以市場為主導的經濟開放。

基於市場經濟與法治內在聯繫，這必然要求透過法治實現制度創新。然而，從某些地方政府施政行為來看，管制思維的慣性依然存在（其中包括以運動方式搞經濟建設），管制思維往往與法治思維悖離，管制更容易走向「人治」。如何擺脫舊有管制思維下的路徑依賴，是當前地方制度創新中的難題。就此，自貿試驗區可以先行先試：其一，強調自貿試驗區首先應是「法治示範區」和「法治先行區」，在政府管理革新和職能轉變，以及法治政府建設上，起到率先垂範的作用；其二，自貿試驗應以「包容性增長」為目標，在法治框架下，充分保障市場主體，以及社會各方參與者的合法權益，實現多方協商共贏，共享改革成果。

參考書目

「習近平主持召開中央全面深化改革領導小組第十七次會議」，2015年10月13日，新華網，
　　http://news.xinhuanet.com/politics/2015-10/13/c_1116812201.htm。

王利平，「福建自貿區立法需要處理好幾個關係」，人民政壇（福州），2015年第9期。

余典範，「把握新常態下的『變與不變』」，解放日報（上海），2016年3月8日，版10。

林瑞華，「大陸台商轉型升級分析：以富士康為例」，海峽通訊（福州），2015年第11期。

福建自貿試驗區領導小組辦公室福建自貿區發展研究中心編，走進福建自貿試驗區（第一版）
　　（福州：福建人民出版社，2016年4月），頁7。

韓雨亭，「對於福建自貿區，台商為什麼還在觀望？」，經濟觀察報，2015年6月1日。

福建自貿區政府服務質量評估[*]

孫楊杰

（福建省委黨校福建行政學院公共管理教研部講師）

摘要

　　「對台開放」和「全面合作」的戰略定位，是中國大陸（福建）自由貿易試驗區有別於其他自貿區的本質特徵。改善政府服務品質，健全監督評價體系，既是打造良好營商環境的有效途徑，也是推動自貿區改革創新的有益嘗試。設計基於公共服務「消費─供給」核心關係的政府服務品質評估框架和指標體系，分析總結不同片區的「投資者─服務提供者」對自貿區政府服務品質評價，對健全監管體系，完善服務型政府建設，拓展兩岸交流合作深度廣度具有重要價值。

關鍵詞：國家戰略、服務品質、營商條件、自由貿易試驗區、評估

---

* 基金項目：2015年度福建省社會科學規劃項目「福建自貿區背景下政府購買公共服務品質評估指標設計研究」（項目編號：FJ2015C032）。

　　中國大陸在福建設立自由貿易試驗區（以下簡稱自貿區），明確其戰略定位，既是對福建在推動兩岸關係和平發展中所做貢獻的充分肯定，也是對福建進一步發揮對台「五緣」優勢的新期待。就福建而言，就是要充分對接台灣，在推廣上海自由貿易試驗區可複製的改革創新成果基礎上，為台商台胞在自由貿易試驗區的投資經營和日常生活提供更多便利。從上海自由貿易試驗區的協力廠商評估結果和國外自由貿易試驗區的經驗來看，簡政清明與貿易便利成為吸引投資者的新型要素。在福建自由貿易試驗區運行一年之際，評估福建自由貿易試驗區政府服務品質，既可以全方位分析總結投資者對福建自由貿易試驗區的認同狀況，也能夠針對評估過程和結果，提出今後福建自由貿易試驗區在對台交流合作中政府職能轉變的方向和政府服務改進的路徑。此外，評估過程本身就是「先試先行」與「制度創新」，所產生的輻射效應還能為其他自由貿易試驗區的相關嘗試提供有益借鑑。本文嘗試在國家戰略視角下構建福建自由貿易試驗區政府服務品質評估框架，以推動福建自由貿易試驗區的發展與兩岸經濟合作的深化。

壹、研究背景

一、構建福建自由貿易試驗區政府服務品質評估框架的緊迫性

　　當前台灣地區民進黨上台及島內政治生態的變化，給兩岸關係帶來更多不確定因素。在這種特殊歷史背景下，迫切需要自貿區政府運用創新思維加強兩岸經貿交流合作。國家設立自貿區的本質是以更大的開放促進更深入的改革，習近平主席曾將福建開放上升到「服務全國發展大局和祖國統一大業」的戰略高度，福建自貿區以「對台開放」和「全面合作」為方向，具有促進兩岸經濟社會融合，奠定兩岸統一基礎的國家戰略定位。

在以「制度創新」取代「租稅優惠」等傳統政策紅利的發展目標下，投資貿易的便利性與服務體系的健全性成為福建自貿區的本質要求。換句話說，自貿區的成功，不再單純依靠硬體設施與政策紅利，而取決於服務型政府的成功。特別是在與台灣「自由經濟示範區」的合作中，打造良好營商環境，健全監督評價體系，改善政府服務品質，保證區內行政機關服務提供的專業度、效率度、公平性，是協助台商台胞感受自貿區政府誠意，拓展兩岸交流合作深度廣度的有力探索。

二、構建福建自由貿易試驗區政府服務品質評估框架的可行性

《中國（福建）自由貿易試驗區總體方案》明確提出，要及時總結改革創新經驗和成果，對自貿試驗區試點政策執行情況進行綜合和專項評估，必要時委託協力廠商機構進行獨立評估。探索建立中國（福建）自貿區政府服務品質評價體系，是實現「開放型市場」和「服務型政府」結合的重要途徑，也是提升自由貿易區政府治理模式和治理體系現代化的重要內容。

稟承傳統地域優勢和閩台交流累積成果，福建自貿區成為新時期大陸深化兩岸經濟合作，打造地區開放合作新高地的戰略區域，台灣民眾勢必對自貿區營商機遇有較多期待。對自貿區政府服務的專項評估，是打造高品質營商環境，實現「消費—供給」雙重滿意的最有效手段。

貳、文獻回顧

當前國內外學術界對「自由貿易試驗區政府服務品質評估」研究的基本情況，主要可以概括為以下幾個方面：

一、關於自由貿易試驗區的研究

　　從1970年代以來，西方學者就開始關注自由貿易試驗區的發展情況，成果散見於經濟效益、福利效應、失業與綜合管理等領域。Kim在對韓國案例研究基礎上提出了自由貿易區的經濟效益評估方法；Pak和Ali以波斯灣地區自由貿易區為對象探究海岸帶綜合管理研究問題，[1]具有一定的借鑑意義。

　　從兩岸相關研究來看，側重點有所不同，一是自由貿易試驗區戰略定位問題。李義虎、單玉麗、周漢民、李非、方友熙等學者都肯定福建在中國大陸自由貿易試驗區戰略布局中的特殊定位，認為「『一帶一路』＋自貿區」模式將使中國（福建）自貿區成為新一輪歐亞非經濟發展熱潮中的要角。[2]應多在「台味」上作足文章，進一步推動行政管理體制改革，讓台商台胞在制度創新與服務優化中，看到兩岸緊密合作的蓬勃發展前景與期望。台灣經濟學家林建甫認為，作為東西互濟、陸海統籌的節點地區，福建自貿區在兩岸經濟一體化進程中發揮著至關重要的作用，台灣應重視福建自貿區新機遇。二是自由貿易試驗區可能的風險與管理問題。朱寧認為，如何以試驗區方式把風險控制在可控範圍內是當前面臨的主要問題；龔柏華、劉劍文、沈國明則強調國際化與法治化營商環境問題的重要性；張婷玉在深入剖析美國自由貿易區的國家訴求後，提出未來中國大陸實施自由貿易區戰略的政策建議。[3]三是自由貿易試驗區建設的重要性與變革問題。王克玉與Guan、Fu和Li都強調了自貿區的建立對大陸外商投

---

[1] 孫楊杰，「自貿區背景下政府購買公共服務品質評估研究綜述」，學術評論，2016年6月，頁135-139。

[2] 李義虎，「『一帶一路』與台灣」，北京大學學報（哲學社會科學版），2015年11月，頁123-126。

[3] 同前註。

資管理體制產生重大變革，[4] 認為貿易政策的開放與雙向投資的頻繁將推動外向型企業現代企業制度的建構與中國大陸貿易結構的優化。

二、關於政府服務品質評估的研究

對政府服務品質的評估起源於西方1970、80年代的新公共管理運動，其目的在於改善西方國家政府效率低下、財政赤字與公共信任危機等問題。自Osborne和Gaebler於1992年提出再造政府的理念後，美國在1993年頒布了世界上第一部有關政府服務效能的法案——《政府績效與結果法案》，並與其他西方國家建立政府服務品質評估的4E標準：經濟（Economic）、效率（Efficiency）、效益（Effectiveness）和公平（Equity）。著名公共行政學者Marc Holzer認為，作為公共服務提供者，政府應不斷提升公共服務品質。[5] 此後，國外理論界與實務界都開始重視政府服務品質與效能評估問題，並從價值取向、指標設計、主體選擇等視角進行研究。

大陸學者從定量與定性兩方面探討政府服務品質評估問題。劉熙瑞、遲福林、卓越等學者都強調服務型政府應致力於提高公共服務績效的責任，提出政府服務品質評估的基本架構與構建方法；周志忍、包國憲、范柏乃等學者在對地方政府績效評價的實踐探索和理論研究的基礎上，總結出各具特色的評估模式，[6] 如：甘肅模式、珠海模式、福建模式等。中國社科院數量與技術經濟研究所開發了一套包含165個指標的基本公共服務

---

[4] M. A. Glaser and R. B. Denhardt, "Local Government Performance through the Eyes of Citizens," *Journal of Public Budgeting, Accounting & Financial Management*, 2000, No.1, pp. 124-135.

[5] 馬克‧霍哲著，張夢中譯，「公共部門業績評估與改善」，中國行政管理，2003年3月，頁89-94。

[6] 周志忍，「效能建設：績效管理的福建模式及其啟示」，中國行政管理，2008年11月，頁65-72。

評價體系；陳振明採用公民滿意度和公共服務供給情況相結合的雙元評估方法，建立一套公共服務績效評價體系的開發模式結構；[7] 盛明科構建了契合服務型政府建設的績效評估體系；新加坡南洋理工大學聯合廈門大學、上海交通大學分別推出「連氏中國城市公共服務品質指數」和「連氏中國服務型政府指數」；零點研究諮詢集團也編製了「中國公共服務公眾評價指數」。[8]

三、關於自由貿易試驗區政府服務品質評估的研究

　　學者對於自由貿易試驗區評估的研究主要分為兩個方面：一方面，聚焦某自貿區或某領域進行評估。裴長洪、陳麗芬認為，貿易便利化改革是自貿區建設的重要目標任務，並採取兩種方式對上海自貿區貿易便利化進行評估：一是對照總體方案中提出的貿易便利化目標進行評估，二是對照貿易便利化的評價標準進行評估。[9] 臧志彭透過基於上海自貿區的實證研究，對服務型政府建設和法治政府建設與自貿區制度創新的關係進行分析，一方面聚焦自貿區的綜合評估。孟廣文和劉銘利用模糊綜合評價法、層次分析法等建立自由貿易區綜合發展水準評價模型與指標體系，並從目標效用度、開放自由度、功能開發度與環境完善度四個方面，對天津濱海新區保稅區發展水準進行綜合評價。王宗軍、崔鑫等以決策支援系統為基礎，提出中國保稅區發展水準綜合評價指標體系，構建了集成式智慧化綜合評價系統的基本結構模式。[10]

---

[7] 陳振明，公共服務導論（北京：北京大學出版社，2011年10月）。

[8] 包國憲，「我國地方政府績效評價的回顧與模式分析」，蘭州大學學報（社會科學版），2007年1月，頁22-27。

[9] 裴長洪，陳麗芬，「上海自貿區改革評估」，中國經濟報告，2015年11月，頁109-113。

[10] 孫楊杰，「自貿區背景下政府購買公共服務品質評估研究綜述」，學術評論，2016年6月，頁135-139。

　　上述研究，為進一步開展福建自由貿易試驗區政府服務品質評估設計奠定基礎，但仍有一些可拓展的研究空間：(1)受中國大陸「自由貿易試驗區」的成立背景和時間限制，國外學者對自貿區政府服務品質評估的關注度較低，已有研究多半針對上海自貿區，福建自貿區政府服務品質評估體系亟待建立；(2)從上海自貿區的協力廠商評估實踐和其他理論研究來看，現有評估對象以自貿區整體發展情況為主，對自貿區政府服務品質的研究不足，鮮有專門針對「區內政府服務品質」的理論分析框架；(3)從福建自貿區的國家戰略定位和台灣地區政治生態來看，為投資者（台商台胞）提供優質高效的政府服務，是福建自貿區有別於其他三大自貿區的獨特要求。基於此，本文擬採用「消費者感知」與「供給者感知」相結合、「服務過程」與「服務結果」相結合、「窗口服務」與「後台服務」相結合的評價方法，構建福建自貿區政府服務品質評估機制。

參、福建自貿區政府服務品質評估機制設計

一、理論分析框架構建

　　首先，政府服務品質受「消費—供給」雙重因素的影響，需要在公共服務雙主體聯合供給模式下，分別研究「消費者感知」與「供給者感知」；政府服務提供的類型可在橫向劃分為「窗口服務」與「後台服務」兩個維度；政府服務提供的流程可在縱向劃分為「服務過程」與「服務結果」兩個維度。其次，自貿區政府服務品質評估有別於一般的公共服務品質評估，需要綜合「國內外自貿區治理模式」與「經典服務品質評估理論」研究。最後，鑑於福建自貿區立足兩岸的戰略定位，需要借鑑「台灣地區公共服務品質評估機制」，包括官方的公共服務品質評價機制與非官方的公共服務滿意度調查等。在此基礎上，構建基於「三對關係」的「公

共服務雙主體聯合供給模式」下，福建自貿區政府公共服務品質評估的基本框架。具體思路如下圖所示：

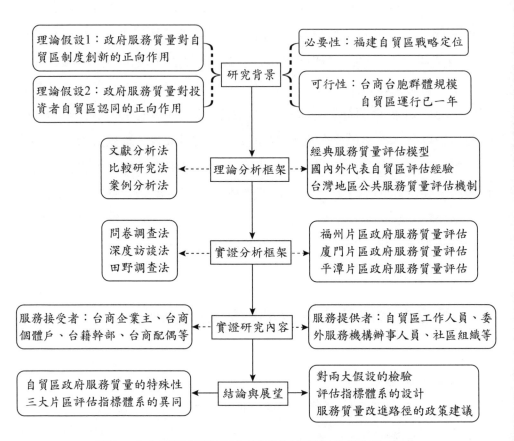

圖1　自由貿易試驗區政府服務品質評估的研究思路

二、實證研究設計

　　傳統政府服務評估多關注「顧客」感知，對供給主體內部的服務傳遞與品質評價重視不足，本文在「公共服務雙主體聯合供給模式」下，構建自由貿易區政府服務品質評估機制的理論分析框架，圍繞福建自貿區公共服務「消費—供給」的核心關係，對三個片區的「服務機關—投資者」和

台灣自由經濟區展開實證研究。然後，根據兩岸多樣本資訊搜集和實證分析結果，討論：政府服務品質評估對福建自貿區制度創新的推進作用、政府服務品質改進對投資者的影響，特別是台商台胞對福建自貿區認同的影響程度、自貿區治理模式創新對兩岸發展產生的遠期效應等。

（一）研究對象

一方面，以福建自貿區所涵蓋的三個片區為調研對象，即福州片區政府服務品質評估、廈門片區政府服務品質評估、平潭片區政府服務品質評估。另一方面，以公共服務的「消費—供給」關係為調研主軸，圍繞兩類人群展開。一類是公共服務接受者，即台商企業主、台商個體戶、台籍幹部、台商配偶等；一類是公共服務提供者，即：行政機關工作人員、委外服務機構辦事人員、相關社會組織等。

（二）研究方法

1. 田野調查和深度訪談法

以福州片區、廈門片區、平潭片區為主要田野調查地點，深入訪談在自貿區工作生活的台灣投資者和政府工人員（如：台商、台籍工作人員、自貿區政府工作人員）等，對訪談內容進行分析。

2. 問卷調查法

通過結構方程模型和AMOS軟體驗證分析「投資者對福建自貿區政府服務品質滿意度及其認同程度」的問卷調查結果，檢驗理論假設；並運用SPSS統計軟體對評估指標體系的多輪篩選做影響因素分析和多元迴歸分析。

3. 文獻研究法

主要指按照規範分析方法對有關自貿區政府評估的理論研究、案例研究進行系統的文本分析和比較研究，以及對福建自貿區政府服務情況相關

資料、台辦和台協會系統的相關文件與調研資料，梳理自貿區掛牌以來兩岸經貿文化交流的各類統計資料分析等。

三、指標維度設計

由於自貿區在服務業開放、外商投資限制、事前審批制度、基礎設施建設等領域的管理更為國際化，所對應的政府服務品質評估指標也應更具特殊性、靈活性、規範性。與現有研究中較少區分服務類型和服務流程不同，本文根據《中國（福建）自由貿易試驗區總體方案》的內容，在對政府服務過程與主體做出區分的前提下，結合方案提出的六類主要任務（切實轉變政府職能、推進投資管理體制改革、推進貿易發展方式轉變、率先推進與台灣地區投資貿易自由、推進金融領域開放創新、培育平潭開放開發新優勢）和16項重點內容，設計出福建自貿區政府服務品質評估的二級指標體系。

一方面，引入所有涉及的利益相關者，關注服務提供的產生階段，將「服務過程」分解為人力、財務、技術、資訊、服務提供等要素；一方面，提出服務組織的內部管理與外部品質是互為因果互相影響的關係，將「服務結果」分解為內部效益與外部效益兩部分。將六類主要任務（除平潭片區使用「培育平潭開放開發新優勢」外）作為「服務結果」考量。同時，考慮後台服務與窗口服務的不同特性，結合自貿區管理在負面清單、投資限制、審批規則等方面的特殊性，完成具體指標設計（參見表2和表3）。

表2　後台服務的分類評估指標

		服務過程（input & process）		服務結果（output & outcome）
後台服務	人員	戰略規劃 服務品質理念 員工能力	內部效益	窗口服務部門的滿意度 工作效益或受益人數的提高 跨部門協作與溝通的順暢度 戰略規劃的實現程度 組織形象
	財務	支出責任 成本合理性（設施或技術投入）	外部效益	切實轉變政府職能 推進投資管理體制改革 推進貿易發展方式轉變 率先推進與台灣地區投資貿易自由 推進金融領域開放創新
	技術	解決方法創新、流程整合 規範簡化、E化建設		
	資訊	透明性 公開性 及時性		

表3　窗口服務的分類評估指標

		服務過程（input & process）		服務結果（output & outcome）
窗口服務	人員	戰略規劃 服務品質理念 員工能力	內部效益	資訊提供完整性與及時性 服務流程的便捷性與透明性 公民意見的回應性 公民參與程度 組織形象
	財務	支出責任 成本合理性（設施或技術投入）	外部效益	切實轉變政府職能 推進投資管理體制改革 推進貿易發展方式轉變 率先推進與台灣地區投資貿易自由 推進金融領域開放創新
	資訊	透明性 公開性 及時性		
	服務提供	服務管道或平台的擴展 流程整合與持續運作 機構改革與服務創新 監督機制建設		

期望透過對自貿區營商生活投資者的實證調研與上述指標體系的評估結果，探討福建自貿區政府服務提供可能存在的問題，以及自貿區治理模式創新對兩岸發展產生的遠期效應等，據此提出今後政府服務品質改進的路徑和方法。

肆、結論：機遇與挑戰並存

由於自貿區在服務業開放、外商投資限制、事前審批制度、基礎設施建設等領域的管理更為國際化，所對應的政府購買服務品質評估指標也應更具特殊性、靈活性、規範性。特別是福建自貿區「立足兩岸」的戰略定位，對自貿區政府打造高品質（對台）營商環境提出了本質要求。對福建自貿區政府服務品質的評估研究與實踐探索，將有力駁斥台灣某些勢力的「統戰」謬論，並推動自貿區領域的相關研究。從實務面來看，福州、廈門、平潭三個片區的特色各不相同，如何根據對象需求和區內現況選擇適當的服務品質評估標準，實現基本理論與福建自貿區特殊性的有機銜接，將是未來研究的難點。

總之，自貿區政府治理模式由注重事前審批轉變為注重事中、事後監管，自貿區政府服務品質評估體現了進一步簡政放權的治理思路，是對當前自貿區研究中偏重政治、經濟、法律研究的一個補充。同時，以面向投資者（台胞台商）的自貿區政府服務提供為切入點，構建福建自貿區政府服務品質評估的理論框架和指標體系，可以填補目前自貿區政府服務品質評估研究的不足之處，為後來的研究拋磚引玉。

參考書目

一、中文部分

包國憲，「我國地方政府績效評價的回顧與模式分析」，**蘭州大學學報**（社會科學版），2007
年1月，頁22-27。

李義虎，「『一帶一路』與台灣」，**北京大學學報**（哲學社會科學版），2015年11月，頁123-
126。

周志忍，「效能建設：績效管理的福建模式及其啟示」，**中國行政管理**，2008年11月，頁65-
72。

孫楊杰，「自貿區背景下政府購買公共服務品質評估研究綜述」，**學術評論**，2016年6月，頁
135-139。

馬克‧霍哲著，張夢中譯，「公共部門業績評估與改善」，**中國行政管理**，2003年3月，頁89-
94。

陳振明，**公共服務導論**（北京：北京大學出版社，2011年10月）。

裴長洪，陳麗芬，「上海自貿區改革評估」，**中國經濟報告**，2015年11月，頁109-113。

二、英文部分

Glaser, M. A. and R. B. Denhardt, "Local Government Performance through the Eyes of Citizens,"
Journal of Public Budgeting, Accounting & Financial Management, 2000, No.1, pp. 124-135.

兩岸自貿區合作

大陸自貿區發展與「十三五」兩岸合作前瞻

陳子昂

（資策會產業情報研究所資深總監）

摘要

　　「新興產業合作」是兩岸合作的新契機，藉由兩岸產業的合理分工、優勢互補、技術與市場的合作，創造新興產業的共榮共贏，邁向國際市場，繁榮兩岸經濟。而兩岸的產業合作交流平台，除「搭橋專案」外，尚有「兩岸企業家峰會」。

　　中國大陸於近期提出多個經濟區域的發展，包括著重改革試驗的「自貿區」、推動地方發展的「國家級新區」、進行區域平衡的「經濟區」、「城市群」、「經濟帶」等政策。但選擇以「一帶一路」、京津冀、長江經濟帶中，有重複功能的節點城市，例如武漢、重慶，並配合政策與資源集中的區域進行合作為佳。

　　「十三五規劃」為兩岸產業合作帶來新契機，如互聯網＋、中國製造2025、戰略性新興產業等，順應「互聯網＋」與「中國製造2025」，「智慧製造」將成為製造業主攻方向。

　　因此，兩岸應建置長期合作機制，成立專責機構與對口單位，負責整合中央、地方與執行單位，建立專人、專責、專項、專款（規劃與推動）、專用的合作機制。而兩岸產業合作模式未來可以朝向共同投資、共同研發、共同開拓全球市場、共同創建華人品牌的方向來努力。

關鍵詞：兩岸產業合作、搭橋專案、兩岸企業家峰會、中國製造2025、戰略性新興產業

壹、ECFA簽署後，兩岸開展新興產業合作

　　2010年6月第五次「江陳會談」，簽署「海峽兩岸經濟合作架構協議」（ECFA），為兩岸的經貿往來提供制度性的框架，從此，兩岸經貿更制度化、透明化、自由化。

一、經合會「兩岸產業合作工作小組」扮演重要角色

　　為了落實ECFA，兩岸於2011年1月6日正式成立「兩岸經濟合作委員會」（簡稱經合會），目的在於落實ECFA目標所必要的磋商、監督，評估ECFA的執行，解決任何關於ECFA的解釋、實施和適用的爭端等。

　　而「產業合作」是兩岸合作的新契機，藉由兩岸產業的合理分工、優勢互補、技術與市場的合作，創造新興產業的共榮共贏，邁向國際市場，繁榮兩岸經濟。所以經合會特別下轄產業合作、海關合作、貨品貿易、服務貿易、投資、爭端解決等六個工作小組（2015年1月底新增中小企業合作工作小組），其中「產業合作工作小組」是兩岸推動產業合作之正式官方平台，主要功能為落實兩岸產業合作的共同意見、協調解決各產業分組合作面臨的問題、推動雙方試點項目合作、舉辦「兩岸產業合作論壇」，以及兩岸溝通新增產業合作項目之意見交流等。

二、兩岸已開展八項新興產業試點合作

　　細數「兩岸產業合作工作小組」的成果，過去五年已陸續有無線城市、LED照明、冷鏈物流、汽車（電動車）、顯示（TFT-LCD）、紡織、醫藥和電子商務等八項產業分組及園區合作分組。且「兩岸產業合作工作小組」每半年舉行工作會議一次，原則上由兩岸輪流舉辦，除前述八項產業及園區合作已取得初步試點合作成果外，也建立兩岸交流平台、共同開展相關產品與檢測標準、人才培訓交流、新增試點城市與項目、簽訂產業

合作協議、推動簡化驗證程序等。因兩岸產業合作尚有許多法規和制度面障礙待排除，未來工作重點是完善兩岸產業合作的各項規劃，並建構有利於合作的環境。[1]

　　兩岸的產業合作交流平台，除了前述由官方主導的「兩岸產業合作論壇」外，尚有民間主導的「搭橋專案」及「兩岸企業家峰會」。其重要性與成果亦豐碩。此外，由於「兩岸產業合作論壇」是由官方主辦，雙方主管部會副首長擔任論壇共同召集人，每年輪流在兩岸選擇合適城市辦理。且其主要成果是擬定兩岸產業合作頂層設計，及探究新興產業試點合作成效，對本研究的主軸較無深入剖析的必要。因此，本文將僅探討「搭橋專案」及「兩岸企業家峰會」的成效。

三、搭橋專案

　　經濟部為推動兩岸新興產業合作，並使交流合作有一致策略與作法，以及強化兩岸互信，遂於2009年5月成立「搭橋專案推動辦公室」，透過「政府搭橋，民間上橋」方式，建立兩岸產業合作平台，期能讓民間可以在這個平台上進行交流與合作，達到優勢互補，創造商機，進而吸引跨國企業來台灣投資，提升台灣產業的國際競爭力。

（一）兩岸產業搭橋成果

　　搭橋會議是以一產業一平台的方式進行企業間深度交流，探討合作開發、供應鏈整合、產銷合作、投資夥伴等，以創造兩岸產業雙贏。因此考量兩岸產業價值鏈分工，優先選擇中草藥、LED照明、通訊、資訊服務、車輛、車載資通訊、再生能源（太陽光電、風力發電）、電子商務、連鎖

---

[1]　陳子昂，「兩岸產業合作現況省思與展望」，台灣經濟融月刊（台北），第51卷第9期（2015年9月），頁2。

加盟、物流、精密機械、食品、生技與醫材、紡織與纖維、數位內容、電子廢棄物回收利用、金屬材料、顯示、展覽服務等19個產業項目。以「一年交流，兩年洽談，三年合作」的政策目標，建立兩岸產業合作新模式，開創兩岸產業新局。

　　至2015年底為止，「搭橋專案」已在兩岸輪流舉辦69場次的兩岸產業搭橋會議，兩岸相關業者共計有23,269人次參與活動，促成了1,847家企業進行合作洽談，簽署合作意向書達359份（參見表1）。「搭橋專案」不僅提供業界有效率的溝通平台，也暢通了兩岸的溝通管道，讓兩岸企業能夠形成策略夥伴合作關係，為共同開創商機奠定基礎。因此，搭橋會議已建立起互信與合作平台，為兩岸企業創造實質的效益。

表1　搭橋推動兩岸產業合作成果（2008-2015）

年度	場次	舉辦地點	出席狀況（人數）			促成商談企業家數／件數	促成簽訂合作文件或後續成果項數
			總人數／業者	台灣與會人士／業者	大陸與會人士／業者		
2008	1	台灣1場	561/168	513/158	48/10	39	3
2009	11	台灣10場 大陸1場	6,859/4,486	5,211/3,772	1,648/714	522	134
2010	14	台灣4場 大陸10場	4,529/3,408	2,051/1,509	2,478/1,899	290	84
2011	10	台灣8場 大陸2場	3,622/2,461	2,794/1,903	828/558	612	59
2012	9	台灣3場 大陸6場	2,312/1,679	962/676	1,350/1,003	157	23
2013	8	台灣7場 大陸1場	1,839/1,288	1,441/1,058	398/230	55	29
2014	7	台灣4場 大陸3場	1,596/1,233	656/447	940/786	65	8

年度	場次	舉辦地點	出席狀況（人數）			促成商談企業家數／件數	促成簽訂合作文件或後續成果項數
			總人數／業者	台灣與會人士／業者	大陸與會人士／業者		
2015	9	台灣4場大陸5場	1,951/1,508	1,216/983	735/525	107	19
合計	69	台灣41場大陸28場	23,269/16,231	14,844/10,506	8,425/5,725	1,847	359

資料來源：兩岸產業搭橋專案推動辦公室，MIC整理，2016年3月。

（二）兩岸產業搭橋之瓶頸

「搭橋專案」執行六年至今，雖已取得了一定的進展與成果。但從表1可看出，自2012年開始，搭橋會議的出席業者、促成商談企業家數及簽訂合作文件等，均已出現疲態。究其原因，可能是業者參與的意願降低，且大陸與會的領導層級有下降的趨勢。兩岸現階段新興產業合作的成效不如預期又是不爭的事實。因此，有必要進一步剖析兩岸產業搭橋的主要問題與瓶頸。

檢視其成效不如預期之主要原因有四：一、雙方對於彼此的產業發展狀況瞭解得不夠透徹；二、大陸方面在制度安排上存在較多關卡；三、台灣方面在政策執行上受到較多制約；四、兩岸雙方彼此間互信不足。[2]

整體而言，兩岸若相互的信任不足，彼此往來的關卡太多，或者「開了小門，沒開大門」，造成生產要素的流通不順暢，將使得兩岸原可優勢互補或合理分工的優勢受到壓抑，兩岸產業合作的成效必然有限。

四、兩岸企業家峰會

2013年初，中國大陸前國務院副總理曾培炎率團訪台期間，與兩岸共

---

[2] 陳子昂，「兩岸產業合作現況省思與展望」，台灣經濟融月刊（台北），第51卷第9期（2015年9月），頁60。

同市場基金會榮譽董事長蕭萬長以及台灣企業界溝通，達成在兩岸分別成立兩岸企業家峰會共識。2013年4月25日兩岸企業家峰會秘書處在南京成立，開始籌設事宜。

（一）依產業特性設立七個合作推動小組

　　兩岸企業家峰會依產業特性及企業界的需求，已設立宏觀經濟；資訊、家電產業；能源、石化、裝備產業；生物科技與健康照護產業；文化創意產業；金融；中小企業等七個合作推動小組，以具體推動兩岸企業合作。七個推動小組及召集人如表2所示。

表2　兩岸企業家峰會主要成員及各小組召集人

職務	台方召集人	陸方召集人
理事長	前副總統 蕭萬長	前副總理 曾培炎
副理事長	三三會理事長 江丙坤	國經中心副理事長 盛華仁
秘書長	華聚基金會董事長 陳瑞隆	國經中心秘書長 魏建國
宏觀經濟交流推動小組	前經建會主委 陳添枝	前中央財經領導小組辦公室主任 王春正
資訊、家電產業合作推動小組	工總理事長 許勝雄	前電監會主席 王旭東
能源、石化、裝備產業合作推動小組	前經濟部長 施顏祥	前國家發改委副主任 張國寶
金融產業合作推動小組	證交所董事長 李述德	前銀監會主席 劉明康
生物科技與健康照護產業合作推動小組	國光生技董事長 詹啟賢	前衛生部長 高強
中小企業合作推動小組	中小企業總會理事長 林慧瑛	前上海政協主席 蔣以任
文化創意產業合作推動小組	亞太文創產業協會理事長 陳立恆	前浙江省長 呂祖善

資料來源：兩岸企業家峰會、MIC整理，2013年10月。

（二）層次最高的交流平台

特別值得一提的，中國大陸習近平主席相當重視兩岸企業家峰會的平台角色，特別指出：「積極評價兩岸企業家峰會為兩岸大企業和經濟界人士，搭建了交流對話的高端平台」。為此中國大陸國台辦也已經將兩岸企業家峰會定位為「兩岸層次最高、最具權威性、開放性、互動性和務實性的企業家盛會」。

另外，2015年11月全國政協主席俞正聲在第三屆閉幕式致詞時指出，「兩岸應積極探索經濟合作新模式、產業合作新途徑，提升合作層次與水準，不斷提升兩岸產業在國際產業分工中的地位」。[3] 由此可見，兩岸企業家峰會已在兩岸產業合作中扮演重要角色。

在交流合作成果方面，就以資通訊產業為例，已在4G/5G與通訊產業的技術融合與試驗合作，且IC與面板產業供應鏈合作上有新的突破。並已在福建福州（包括平潭）、廈門進行智慧城市的試點工作，及江蘇淮安在智慧城市與智慧製造領域之試點合作。同時，共同研議推動「兩岸工業4.0產業合作平台」。

貳、中國大陸藉自貿區加速改革開放

一、四大自貿區各具使命

2014年底大陸國務院宣布上海自貿區之後，再新增天津、廣東以及福建等區域，並就各地方特色推動自貿區的發展，如天津將圍繞著京津冀一體化的政策進行，而廣東則是面對著與港澳整合的議題，最後福建則明顯

---

3 吳晶晶，「2015兩岸企業家紫金山峰會在南京舉行 俞正聲出席並致辭」，新華社（南京），2015年11月4日。

是對台的銜接舉措。可以發現的是，新自貿區的選擇仍是從較具開放空間的沿海開始，與中國大陸過去在經濟發展上有所雷同，但對於第二波以及第三波的擴散，估計將會圍繞著「一帶一路」、長江經濟帶著手。[4]

就定位來看，每個自貿區都被賦予各自的任務，將面向不同區域進行不同的改革，因此在各自所提的總體方案都有屬於自己的特色。然而總體方案除明訂各自的任務外，亦有需要共同依循的規定，如2015年所提出的投資准入負面清單，將是四個自貿區需要共同遵守的重要準則。雖然，2013年中國大陸推出第一版自貿區投資准入負面清單，其開放程度不如預期，只是隨著自貿區的試驗，負面清單持續調整，其中2015年版負面清單條款已減少至122條，在製造業部分，減少是相對較多的。[5]

二、福建自貿區對台角色鮮明，但仍須善用四大自貿區政策

福建自貿區目前已規劃三個片區，平潭片區重點建設兩岸共同家園和國際旅遊島；廈門片區重點建設兩岸新興產業和現代服務業合作示範區、東南國際航運中心、兩岸區域性金融服務中心和兩岸貿易中心；福州片區重點建設先進製造業基地、21世紀海上絲綢之路沿線國家和地區交流合作的重要平台、兩岸服務貿易與金融創新合作示範區。中國大陸不斷以福建為主軸提出對台的區域合作政策，如海峽西岸經濟區、平潭綜合實驗區，如今又再推出福建自貿區。

就目前中國大陸自貿區的試驗精神來看，主要在進行過去可能沒試過的新模式。因此在這樣的情境下，目前多由大陸單方面提出合作模式，其合作方向或是考量的面向多著重於陸方的發展。以平潭自貿區為例，平潭雖然在大陸政府的強力推進下已有很大轉變，然而平潭是否是台資企業或

---

[4]　許加政，「加速深化改革開放，大陸四自貿區打先鋒」，AISP（台北），2015年1月。

[5]　許加政，「中國大陸自貿區2.0時代來臨」，AISP（台北），2015年4月。

是青年創業基地進入中國大陸的首選之地？仍有很大的討論空間。因此，對福建自貿區而言，未來對台政策仍有調整的空間，但就操作面而言，進行自貿區的布局時，可順應中國大陸總體規劃方向，如「互聯網＋」，同時可在其他自貿區同步進行，以取得較佳合作或布局的方案，如上海自貿區亦有設立「台灣商品中心」。[6]

三、「十三五」規劃強調區域發展總體戰略

中國大陸「十三五規劃」在創新發展部分，強調「以區域發展總體戰略為基礎，以『一帶一路』建設、京津冀協同發展、長江經濟帶建設為引領」。中國大陸於近期提出多個經濟區域的發展，包括著重改革試驗的「自貿區」、推動地方發展的「國家級新區」、進行區域平衡的「經濟區」、「城市群」、「經濟帶」等政策。如此多項區域經濟政策意味著地方資源的集中，但過多區域經濟政策也代表中央投入的資源分散。

在開放發展部分，「雙向開放」、「互利共贏」是參與開放發展的主軸，沿海地區的先進製造基地和經濟區為主要載體，邊境與跨境經濟合作區為另一項重點。一帶一路將進行陸海內外連動、東西雙向開放的經濟走廊，形成以沿海沿江沿線經濟帶為主的縱向橫向經濟軸帶，亦是推動中西部發展的大戰略。[7]因此，選擇以一帶一路、京津冀、長江經濟帶中，有重複功能的節點城市，例如武漢、重慶，並配合政策與資源集中的區域進行合作為佳。至於中國大陸對台政策已不具優勢，僅提出以「推進海峽西岸經濟區、福建自由貿易試驗區建設，打造台商投資區、平潭綜合實驗區、福州新區、昆山深化兩岸產業合作試驗區等對台合作平台」，似乎稍嫌薄弱、偏限一隅。

6　許加政，「中國大陸自貿區2.0時代來臨」，AISP（台北），2015年4月。

7　陳子昂，「由馬習會看大陸十三五規劃對兩岸經貿合作之契機」，兩岸經貿，第288期（2015年12月28日），頁2。

參、「十三五」時期兩岸新興產業合作新契機

　　兩岸經貿合作跨進歷史性一刻，兩岸領導人於2015年11月7日在新加坡會面，馬英九致詞時提到「擴大兩岸交流，增進互利雙贏」，習近平也提出「深化兩岸交流合作，增進兩岸同胞福祉」，並已確認「在陸委會、國台辦首長之間設立熱線，以處理緊急與重要問題」。[8]

一、「十三五」規劃綱要揭櫫兩岸經濟融合發展

　　2016年3月公布的「國民經濟和社會發展第十三個五年規劃綱要」（簡稱十三五規劃綱要）第55章強調兩岸經濟融合發展，即「推動兩岸產業優勢互補、融合發展，鼓勵兩岸企業相互持股、合作創新、共創品牌、共拓市場」。

　　而根據2015年11月五中全會發布的「十三五規劃建議」，顯示中國共產黨提出三項與人民生活相關之新目標，分別代表生態環境的「美麗中國」、人民健康的「健康中國」、人民安全的「平安中國」。

　　在新興產業方面，十三五規劃綱要的第五篇：優化現代產業體系、第六篇：拓展網路經濟空間、第八篇：推進新型城鎮化及第十篇：加快改善生態環境，均指出大陸未來在創新創業、中國製造2025、互聯網＋、綠色環保、健康照護等戰略性新興產業將重點發展。因此，針對中國製造2025、互聯網＋、綠色環保、健康照護等18個戰略性新興產業，鑑往知來，剖析兩岸的合作契機，以避免兩岸在發展新興產業時重複投資、惡性競爭，導致產能過剩，並強化兩岸產業鏈整合，以提升國際競爭力。

8　王爵暐、張鎧乙、黃世麒，「世紀破冰 馬習握手 會談皆堅稱九二共識」，中國時報（台北），2015年11月7日。

（一）中國製造2025

中國製造2025即為中國版的工業4.0，台灣稱為生產力4.0，兩岸依循工業4.0的精神，協助產業在規劃前期要積極研發並導入「智慧製造」的概念，以機器人或機器手臂取代傳統勞力作業，以改善工廠營運效率為主要競爭優勢的來源。

1. 智慧製造是主攻方向

順應「互聯網＋」與「中國製造2025」，「智慧製造」成為兩岸製造業主攻方向，未來製造業將從少樣多量的規模生產，走向分散製造、少量多樣及客製化的型態，中小企業彈性、靈活特色將可充分發揮。因此，智慧製造將重點發展智慧工廠、機器人、物聯網、雲端及大數據等技術，結合互聯網及資訊化技術，將新一代資訊技術應用到工廠及製造環節，發展出製造業的創新生產模式。[9] 兩岸中小企業可就「工業4.0」概念進行合理分工，共同打造「協同設計」、「協同生產」的供應鏈。

2. 籌設「兩岸工業4.0產業合作平台」

依兩岸共識，2015年11月甫結束的第三屆兩岸企業家峰會，已倡議籌設「兩岸工業4.0產業合作平台」，在此平台下茲建議推動以下合作模式：(1)遴選兩岸的城市或企業，針對不同場域的需求，進行「合作試點」，例如因應中國大陸地方新型工業化及智慧城市發展的需求，選定城市推動示範性合作；(2)以「協同創新」為手段，採B2B合作方式，提供快速客製的解決方案；(3)共訂產業標準；(4)拓展國際市場需要品牌推動與品質的提升，兩岸可在品牌合作前提下，進行「品質強化與標準制定的合作模式」。

---

[9] 陳子昂，「由『中國製造2025』探索兩岸新興產業競合態勢」，銀行公會會訊（台北），第89期（2015年9月），頁4-15。

而在兩岸可合作的產業上，基於(1)兩岸工業4.0政策所共同聚焦的重點產業；(2)優勢互補；(3)合作大於競爭等三項原則，可優先推動「新一代資訊技術」與「智慧製造、機器人」等產業，再擴大推動醫療器械、金屬加工、食品、物流、農業等產業。[10]

（二）互聯網＋新型城鎮化——智慧城市

新型城鎮化概念需要智慧城市予以落實，人口結構需求形成智慧應用及其產業商機。因此，國務院於2014年8月發布《關於促進智慧城市健康發展的指導意見》，包括八部委促進智慧城市發展，2020年將建成一批特色鮮明的智慧城市，以及智慧城市六大方向。包括資訊網路寬頻化、公共服務便捷化、城市管理精細化、生活環境宜居化、基礎設施智慧化與網路安全長效化。

有鑑於此，兩岸擬透過智慧城市試點，建立系統整合應用合作經驗，拓展無線寬頻應用服務，帶動智慧終端與垂直應用解決方案，在大陸市場試驗，找出典範行銷全球。因此，兩岸智慧城市合作目標有三：一為加強4G/5G寬頻產業鏈合作，共同進軍全球市場；二為及早布局全球4G/5G標準LTE技術之應用，提升兩岸4G/5G技術主導價值；三為發展兩岸無線寬頻創新應用的市場商機。

綜整過往兩岸在智慧城市的試點合作經驗，加值、擴散並建立新的商業模式及典範，讓兩岸運營商、核心網路設備商、系統整合、終端產品、內容應用業者更密切合作，共建兩岸4G/5G產業鏈，同時擴展方案、終端、應用服務等商機，並與地方城市密切合作，瞭解商業模式及市場特性，促進兩岸業者共同開發多模多頻晶片及終端，以利新服務及新應用開

---

[10] 陳子昂，「由馬習會看大陸十三五規劃對兩岸經貿合作之契機」，兩岸經貿（台北），第288期（2015年12月28日），頁1-11。

發及掌握新產品規格制定，並由點至面切入全球市場。

（三）綠色環保──美麗中國

十三五經濟社會發展的主要指標中，占比最多即為「資源環境」類別，均為約束性指標，顯示大陸政府對於綠色生態發展的重視程度與治理的決心。

1. 綠色製造與低碳經濟相關產業，將大幅成長

在全球面臨資源過度浪費及污染嚴重的情形下，大陸更是嚴重。近年來大陸也逐漸意識到環保的重要性，在「中國製造2025」的重大戰略中也致力推行綠色製造，加快製造業綠色改造升級，同時推進資源高效循環利用，預計到2020年，建成千家綠色示範工廠和百家綠色示範園區，重點行業主要污染物排放強度下降20%。到2025年，製造業綠色發展和主要產品單位能耗達世界先進水平，建立基本綠色製造體系。

兩岸綠色環保產業發展各有優勢，互補性強，合作空間大。尤其台灣綠色環保相關產業發展早，且相較大陸在環保線上監測技術、節能服務業（ESCO）等具相對優勢。因此，可將綠色環保產業作為兩岸新興產業合作的重點方向之一。

大陸未來將不再為追求經濟增長而犧牲環境，並將會積極扶植「節能環保相關」產業的發展。而台灣早已長期積累「綠色產業」經驗，因此兩岸可朝向合作打造「綠色＋」的概念，來共同尊重自然規律，實現永續發展，以及共同合作節能環保產業技術的研發，實現低碳經濟的重點技術和設備產業化等。此外，「節能環保服務業」亦是兩岸可合作之契機。

2. 善用兩岸企業家峰會推進小組平台，加強監測與環保裝備合作

應妥善利用兩岸企業家峰會作為合作平台，強化團體交流、共創技術及標準合作，並在節能減排、防治污染等方面，充分發揮兩岸各自優勢。兩岸企業家峰會資訊家電小組下設雲計算、物聯網和智慧城市產業合作分

論壇，並於2015年底會議中簽署「雲計算、物聯網與智慧城市工作分組合作備忘錄」，業者可以此備忘錄為基礎，在資訊家電小組平台上將智慧城市概念拓展至線上監測系統。而能源石化裝備小組涉及精密機械產業合作與節能環保議題，未來可在此框架下，加大綠色製造與環保裝備等議題討論，以精確掌握兩岸市場脈動。[11]

（四）醫療及照護──健康中國

「十三五規劃建議」提到要推進「健康中國」建設，也具體點出「深化醫藥衛生體制改革」、「鼓勵社會力量興辦健康服務業」等發展方式，顯示中國大陸當局將從制度和產業面，來改善人民健康及就醫保障。

此外，在人口結構變化的過程當中，不同年齡層人口相異的醫療健康需求，亦將影響「健康中國」的發展。因此「促進人口均衡發展」可說是十三五規劃中，另一與「健康中國」較為相關之重點。而在政策支持之下，各種以人為主體延伸的健康需求及潛在商機可望逐漸浮現，如開放二胎，以及推動多層次養老服務體系等，政策措施推動的同時，除解決中國大陸少子化、老年化等人口問題外，亦帶來各種市場機會。

基本而言，十三五時期推進「健康中國」的主要目標，仍與十二五時期「新醫改」所強調的深化醫藥改革並無太大改變。但若從市場的角度來看，在推進「健康中國」戰略規劃中，中國大陸整個醫療衛生產業，以及健康相關產業都將進入蓬勃發展期，而且中國大陸13億人口的「生、老、病、養」都跟「健康中國」息息相關。因此，十三五時期中國大陸將全面開放二胎，預期也將帶動母嬰產業的發展。

---

[11] 卜心智，「中國大陸『互聯網＋』綠色生態行動方案催生綠色應用浪潮」，AISP（台北），2016年2月。

表3　中國大陸十三五建議全文「健康中國」相關重點內容

構面	十三五建議全文提及相關重點內容	相關產業
生	全面實施一對夫婦可生育兩個孩子政策。提高生殖健康、婦幼保健等。	母嬰產業
老	推動醫療衛生和養老服務相結合。	安養照護產業
病	深化醫藥衛生體制改革，實行醫療、醫保、醫藥連動，推進醫藥分開，實行分級診療，建立覆蓋城鄉的基本醫療衛生制度和現代醫院管理制度。發展遠端醫療。鼓勵社會力量興辦健康服務業，推進非營利性民營醫院和公立醫院同等待遇。	醫療器材產業醫療服務業
養	堅持中西醫並重，促進中醫藥、民族醫藥發展。實施食品安全戰略。	中藥產業食品業

資料來源：中國大陸國務院，MIC整理，2016年1月。

　　從政策面來看，在中國大陸推進「健康中國」建設下，對外商而言，誘發的相關產業商機相當多。首先從中國大陸2015年最新修訂並發布的外商投資產業指導目錄看，鼓勵外資投資的部分包含：中藥材、藥品、專業高階醫材設備的醫藥製造業；以及老年人、殘疾人和兒童服務機構與養老機構；體育場館經營、健身、競賽表演及體育培訓和仲介服務。而在限制外資投入的部分：主要為醫療機構（限於合資與合作）。

　　因此，大致可將外商能投入的產業分成三類：(1)醫藥製造業；(2)健康服務業（包含體育文化、食品業等）；(3)照護服務業，其中最具商機的即為健康及照護相關服務業，乃因從中國大陸第五代領導人上任後，在2013年9月及10月國務院隨即分別發布「關於加快發展養老服務業的若干意見」、「關於促進健康服務業發展的若干意見」及「關於加快發展體育產業促進體育消費的若干意見」等政策，可見其對於「健康服務業」與「照護服務業」的重視。

　　中國大陸自2000年進入高齡化社會後，由於中國大陸特殊的文化背

景，因此，在面對高齡化來臨的難題，其中包括(1)中國大陸人口基數龐大，成為世界上唯一老年人口破億的國家，且其高齡化速度相較歐美大國快速許多；(2)「未富先老」問題嚴重，以聯合國標準來看，一般而言先進國家邁向人口老化之前，人均國民生產都超過一萬美元，而中國大陸截至2014年底，僅九個省達到標準；(3)中國大陸養老服務業發展晚，且具明顯的矛盾和問題，中國大陸目前老年人口多，服務需求龐大，但據中國大陸民政部發布的新聞，坦言中國大陸目前養老服務和產品供給不足、市場發育不完善、養老服務的扶持政策不健全、體制機制不完善、城鄉區域發展不平衡等。可見，在中國大陸養老服務業是極具發展潛力之產業，尤其最核心的養老照護業，而老年人相關之輔具、保健用品等支撐產業也將連帶受益。

　　據「關於促進健康服務業發展的若干意見」發布的內容，指出到2020年，其健康服務業總規模目標達到8兆元人民幣以上，「意見」並明確提出健康服務業的內涵，即為以維護和促進人民群眾身心健康為目標，主要包括醫療服務、健康管理與促進（如：健康檢查）相關服務，涉及藥品、醫療器械、保健用品、保健食品、健身產品等支撐產業，都將是中國大陸未來極力發展且外商許可切入之產業。

　　綜上所述，從外商指導目錄來看，醫藥製造業、健康及照護服務業，為外資可投入之處；再根據中國大陸國務院及十三五規劃開放二胎等相關政策，可發現醫療服務、健康管理與促進、養老及母嬰照護業，是外商可著力之產業，但因涉及醫療專業標準複雜且有諸多潛規則，因此建議台商先將重點放在健康管理與促進（特別是體育健身產業），養老及母嬰照護業，及其相關支撐產業，進入門檻相對低且同樣具龐大商機。[12]

---

[12] 卜心智、王琬昀等人，「從『三個中國』看中國大陸十三五規劃商機」，AISP（台北），2016年2月。

（五）18個戰略性新興產業

1. 「承先啟後」造就「十三五規劃」18個戰略性新興產業

18個戰略性新興產業包含先進半導體、機器人、增材製造、智能系統、新一代航空裝備、空間技術綜合服務系統、智能交通、精準醫療、高效儲能與分布式能源系統、智能材料、高效節能環保、虛擬現實（即虛擬實境，VR）與互動影視、新一代資訊技術、新能源汽車、生物技術、綠色低碳、高端裝備製造與材料、數位創意等。

「十三五規劃」綱要指出，戰略性新興產業重點在於優化現代產業體系。圍繞結構深度調整、振興實體經濟，推進供給側結構性改革，培育壯大新興產業，改造提升傳統產業，加快構建創新能力強、品質服務優、協作緊密、環境友好的現代產業新體系。使戰略性新興產業增加值占中國大陸GDP總值比重，從2015年的8%成長到2020年的15%。

2. 兩岸均重視跨產業整合應用，為合作新契機

大陸18個戰略性新興產業中，針對跨產業整合應用之重視，如智能系統、空間技術綜合服務系統與智能交通產業，發展包含硬體、軟體、應用服務等層面。過往在兩岸產業合作交流平台，多以「單一產業」媒合兩岸業者，目前正轉向跨產業系統整合之布局發展，表示兩岸產業發展不謀而合，即跨產業媒合平台之建立，針對智能系統、空間技術綜合服務系統與智能交通等特定領域，持續協助兩岸業者跨產業整合交流。

3. 善用兩岸企業家峰會平台，朝兩岸相通新興產業領域發展

台灣新政府團隊於2016年5月執政，蔡英文政見中的五大創新研發產業，包括綠能科技、國防產業、生技醫藥、亞洲矽谷和智慧機械等。為了推動五大產業，民進黨將在新國會推出「策略性產業發展條例草案」，提供所需政策工具。[13]

---

[13] 何孟奎，「蔡英文『堆柴火』燒旺五產業」，經濟日報（台北），2016年1月29日。

　　對照兩岸的新興產業——台灣5大與大陸18大，可看出部分產業有相通之處，主要為綠能科技、生技醫藥與智慧機械。針對兩岸未來共通、積極發展的戰略性新興產業，一方面聚焦關鍵領域共同研發，以擴大產業綜效，降低研發風險及產業發展衝突與矛盾；另一方面在兩岸產業的互補優勢前提下，明確兩岸產業布局及重點領域，透過產業鏈的分工與整合，形成策略聯盟，除了降低雙方風險，減少重複投資，也可進一步提升兩岸產業的國際競爭力。

　　另外，應善用兩岸合作平台——企業家峰會，將茁壯新興產業列入產業合作推動小組，針對潛在新興領域共同投資、合作創新、共創品牌、共拓全球市場，以擴大兩岸產品的國際市場占有率。

二、共訂兩岸產業標準，擴大標準、智慧財產權等面向之合作

　　透過兩岸共同研制標準，並考量兩岸產業價值鏈分工，推動技術、專利、產品、應用、資金、市場及人才等層面的交流合作，有助於兩岸產業鏈的完整與發展。因此，兩岸合作共同推動產業技術標準，除取得標準制定先機和突破外國專利障礙外，也加速專利權的布局，進而擺脫過去只是標準或規格追隨者的產業地位，並使兩岸可從中享有知識產權與產業標準所帶來的效益。例如，通訊產業，除逐步訂定兩岸3G/4G各項標準，完成共通性的測試檢驗平台外，並透過兩岸智慧城市試點合作，加速兩岸通訊產業鏈結合，進而兩岸共同爭取通訊產業全球主導地位。

肆、結論

　　為應對全球工業升級浪潮下的產業合作新局，台灣提出「生產力4.0」政策，大陸則提出「中國製造2025」。兩岸應探討協同創新與共同發展的合作模式，促進兩岸工業轉型升級發展，強化兩岸產業政策協調。

而十三五規劃為兩岸產業合作帶來新契機，如互聯網＋、中國製造2025、戰略性新興產業等，兩岸產業應攜手掌握新局。再者，順應「互聯網＋」與「中國製造2025」，「智慧製造」成為製造業主攻方向。

在合作平台建立方式上，除官方的「兩岸工業發展與合作論壇」外，民間交流平台就以「兩岸企業家峰會」最為積極，在兩岸企業家峰會「資訊與家電產業合作推動小組」現有的三個分組外，可再新增整合性領域「工業4.0」分組。

有了平台，首先應建構兩岸產業合作的頂層設計，描繪願景與目標，透過試點合作建立新的商業模式及典範，並建立系統整合應用合作經驗，帶動智慧終端與跨產業應用解決方案，找出成功典範行銷全球。因而兩岸產業合作模式未來可以朝向共同投資、共同研發、共同開拓全球市場、共同創建華人品牌的方向來努力。接著，應建置長期合作機制，成立專責機構與對口單位。兩岸需設立單一窗口及常態機制，負責整合中央、地方與執行單位，建立專人、專責、專項、專款（規劃與推動）、專用的合作機制。

十三五時期，應加速推動兩岸智慧科技應用，推廣現有成果及落實商用模式。共同思考兩岸合作項目之推廣模式與落地發展，研擬具體方案，以擴散現有合作成果，並與地方城市密切合作，瞭解商業模式及市場特性，以利新服務及新應用開發及掌握新產品規格制定。此外，兩岸產業合作試點也應思考創新作法，例如未來合作試點可從指定城市或領域，轉化為開放給兩岸有意願的地方政府來爭取，並提供更好的合作誘因，以促進合作可延續性及可複製性。

參考書目

卜心智，「中國大陸『互聯網＋』綠色生態行動方案催生綠色應用浪潮」，AISP（台北），
　　2016年2月。

卜心智、王琬昀等人，「從『三個中國』看中國大陸十三五規劃商機」，AISP（台北），
　　2016年2月。

王爵暐、張鎧乙、黃世麒，「世紀破冰 馬習握手 會談皆堅稱九二共識」，中國時報（台
　　北），2015年11月7日。

何孟奎，「蔡英文『堆柴火』燒旺五產業」，經濟日報（台北），2016年1月29日。

吳晶晶，「2015兩岸企業家紫金山峰會在南京舉行 俞正聲出席並致辭」，新華社（南京），
　　2015年11月4日。

張冠華，「十三五時期兩岸產業合作展望與對策」，第五屆兩岸產業合作論壇（昆山），
　　2015年6月。

許加政，「加速深化改革開放，大陸四自貿區打先鋒」，AISP（台北），2015年1月。

許加政，「中國大陸自貿區2.0時代來臨」，AISP（台北），2015年4月。

陳子昂，「兩岸產業合作現況省思與展望」，台灣經濟金融月刊（台北），第51卷第9期（2015
　　年9月），頁1-11。

陳子昂，「由『中國製造2025』探索兩岸新興產業競合態勢」，銀行公會會訊（台北），第89
　　期（2015年9月），頁4-15。

陳子昂，「由馬習會看大陸十三五規劃對兩岸經貿合作之契機」，兩岸經貿（台北），第288
　　期（2015年12月），頁1-11。

大陸自貿區發展與區對區合作策略

顧瑩華
（中華經濟研究院區域發展研究中心主任）

林俊甫
（中華經濟研究院區域發展研究中心助研究員）

摘要

　　兩岸自2013年起分別推動以法規鬆綁、制度創新為核心之自由貿易試驗區、自由經濟示範區計畫。由於兩者具有類似的自由化試驗目標，加以兩岸產業合作推動至今雖已有部分成效，但亦面臨法規、制度面障礙有待突破，遂衍生兩岸推動「區對區合作」之構想。透過小範圍排除商貿相關障礙之試驗，累積經驗，如成效良好再予以擴大或複製。其次，兩岸由於已簽署具備雙邊FTA性質之經濟合作架構協議（ECFA），提供雙方進行專屬、排他性的區域對接試驗之條件。

　　在分析中國大陸各自貿區成立背景、政策措施意涵的基礎上，本文從降低兩岸商貿往來障礙、協助台商營運及轉型升級、創新兩岸產業合作模式等層次，提出兩岸區對區合作策略建議。

關鍵詞：自貿區、區對區合作、兩岸產業合作、綠色通道

壹、緒論

　　中國大陸近年經濟發展面臨內外在環境的多重挑戰，其中內部的挑戰包括：產能過剩、成本優勢弱化、加工出口模式難以持續等，導致經濟由高速成長轉向中高度成長的「新常態」；外部而言，因應區域經濟整合快速發展，各國競相洽簽自由貿易協定，中國大陸如何在積極參與國際經貿環境規則制定之際，推動內部改革，以與國際法規、制度調和成為關鍵議題。另一方面，人民幣國際化為中國大陸金融發展重要戰略，但過程中涉及資本市場現代化諸多議題，例如利率自由化、跨境人民幣交易、人民幣離岸中心等繁複之資金操作，皆需要完整的機制設計以降低可能之風險。

　　基於上述背景，為累積改革試驗經驗，以避免貿然全面改革的可能衝擊，中國大陸於2013年9月成立「中國（上海）自由貿易試驗區（以下簡稱自貿區）」，並以推動加快政府職能轉變、擴大投資領域開放、轉變貿易發展方式、深化金融領域的開放創新，以及完善法治領域的制度保障為政策主軸。2014年12月，中國大陸進一步於廣東、天津、福建增設第二波自貿區（2015年4月正式掛牌），另擴大上海自貿試驗區的範圍，將浦東新區之陸家嘴、金橋、張江等區納入。於此同時，台灣自2013年起亦推動以法規鬆綁、制度創新為目標之「自由經濟示範區（以下簡稱示範區）」計畫。示範區計畫同樣是為了參與區域整合及與國際制度接軌進行先行先試的實驗，但台灣因自由化的程度相對較高，因此規劃的重點更著重在某些特定產業的法規及制度鬆綁，例如物流、醫療、農業加工、教育、金融等產業，除了為接軌國際預作準備外，帶動產業發展及強化經濟動能也是目的之一。

　　兩岸產業合作自2008年推動「兩岸搭橋專案」；2011年正式於經合會架構下設置「兩岸產業合作工作小組」以來，雖然已經有部分成效，但亦遭遇障礙有待突破，特別是涉及兩岸法規與制度層面議題。基於兩岸近年

皆透過自貿區、示範區試行經貿自由化政策，加上兩岸商貿往來涉及之法規與制度障礙亟待突破，但兩岸經濟規模差距過大，短時間全面開放可能面臨爭議或風險，遂衍生推動兩岸「區對區合作」之構想。透過小範圍排除商貿相關障礙之試驗，累積經驗，如成效良好再予以擴大或複製，以建構有利於推動兩岸產業合作之環境。

　　本文首先說明區對區合作之基本概念，其次簡介中國大陸各自貿區之政策重點，並分析其對台灣之意涵，以及兩岸區對區合作之可能層次與議題，最後則為結論與合作策略建議。

貳、區對區合作之基本概念

　　「區對區合作」的基本概念為：兩個經濟體各自選定特定區域，推動在區域對接的形式下，根據雙方需求，進行特定法規、制度或產業活動的合作，以營造有利雙方產業發展的環境。根據合作項目的特性，區對區合作的對象可能是自由貿易港區、保稅區、經濟開發區或其他區域。

　　與傳統跨國工業區或園區合作以資訊交流、媒合商機等一般性合作不同，兩岸由於已簽署ECFA，基於其具備雙邊FTA性質，兩岸可以進行專屬、排他性的區域對接試驗。相對而言，如果不是在FTA架構下進行的區對區合作措施，必須對所有WTO成員國開放。例如目前台灣規劃的示範區或陸方自貿區措施，對外的開放原則須符合WTO規範，即提供所有WTO會員國同等待遇，並未針對特定對象進行排他性開放。

　　基於此，兩岸區對區合作的重要意義之一，即為兩岸在推動自由化過程中，針對開放疑慮高、具爭議性的議題，可以透過區對區形式，優先進行試驗，後續再視成效予以擴大。其次，亦可利用ECFA契機，爭取陸方對台灣開放某些特定區域，即「ECFA＋」的優惠措施，進行區對區的合作。

參、中國大陸各自貿區政策重點與意涵

一、上海自貿區

上海自貿區是中國大陸第一個成立的自貿區，具有引導中國大陸制度改革與對外開放的戰略意涵。例如上海自貿區推動之先入區、後報關等23項海關監管創新制度，目前已有17項制度推廣至整個上海關區，14項制度已複製至大陸各地。其次，隨著上海自貿區的擴區，後續將以推動「開放型經濟的新體制、新機制」為重點，[1] 包括(1)法制創新：從投資負面表列清單，延伸至國家安全審查、反壟斷調查、產業預警制度、資訊公開制度、公平競爭等制度創新；(2)金融創新：持續推動上海自貿區發展為人民幣的定價、交易、清算中心，支持跨境投資與併購；(3)科技創新：將著重解決企業營運中，跨境交易、保稅研發、智慧財產權、資訊安全等議題；(4)政府單位間協調整合，將以簡化流程為基礎，加強政府部門之間的協同性（參見表1）。另一方面，從中國大陸區域發展角度而言，上海自貿區亦被賦予帶動「長江經濟帶」發展之任務。透過對外開放，帶動資本、人才、技術、設備等要素聚集於長三角地區，形成結合周邊區域之經濟共同體。

---

[1] 中國大陸國務院，《進一步深化中國（上海）自由貿易試驗區改革開放方案》（國發〔2015〕21號），資料來源：http://big5.gov.cn/gate/big5/www.gov.cn/zhengce/content/2015-04/20/content_9631.htm（最後瀏覽日期：2016年5月11日）；「上海自貿區2.0版呼之欲出金融和科技創新」，上海證券報（上海），2015年4月11日，資料來源：http://news.xinhuanet.com/finance/2015-04/11/c_127678383.htm（最後瀏覽日期：2016年5月11日）。

表1　上海自貿區政策重點

政策面向	2013年總體方案	2014自貿區條例	2015年總體方案（擴區）
加快政府職能轉變	1. 事前審批轉為注重事中、事後管理 2. 一口受理、綜合審批 3. 智慧財產權糾紛協調、援助等解決機制	1. 規範自貿區管委會職責與工作 2. 簡化人才引進體制 3. 國安審查及反壟斷機制 4. 實施企業年度報告、經營異常名錄 5. 推動監管資訊共享平台 6. 健全社會力量參與市場監督制度 7. 推動環保、智財權保護	1. 完善負面清單管理模式 2. 加強社會信用體系應用、加強資訊共享和服務平台應用 3. 健全綜合執法體系 4. 健全社會力量參與市場監督制度 5. 完善企業年度報告公示和經營異常名錄制度 6. 國家安全審查、反壟斷審查 7. 推動產業預警制度創新、資訊公開制度創新、公平競爭制度創新 8. 推動權益保護制度創新 9. 深化人才、教育、科研、國際合作等科技創新體制機制改革
轉變貿易發展方式	1. 鼓勵跨國總部設置 2. 鼓勵發展離岸業務、外包業務 3. 設立國際大宗商品、資源貿易平台 4. 完善期貨保稅交割試點，拓展艙單質押融資	1. 海關監管制度創新 2. 促進新型貿易業態（離岸、大宗商品、融資租賃、期貨保稅交割、跨境電商等） 3. 進境檢疫、適度放寬進出口檢驗等檢驗檢疫制度創新 4. 國際貿易單一窗口、具競爭力航運發展（國際中轉集併櫃等）	1. 加強貿易便捷化措施、國際貿易單一窗口建設、海關貨物監管創新 2. 長江經濟帶通關一體化 3. 推動貿易轉型升級與貿易相關服務業（智財權、跨境電商） 4. 建設上海國際航運中心

政策面向	2013年總體方案	2014自貿區條例	2015年總體方案（擴區）
深化金融領域的開放創新	1. 人民幣資本兌換、金融市場利率化、人民幣跨境使用等先行先試 2. 外匯管理改革 3. 金融產品創新	1. 人民幣資本兌換、金融市場利率化、人民幣跨境使用等先行先試 2. 鼓勵金融商品、業務、服務、風險管理創新 3. 外匯管理改革 4. 金融服務業開放	1. 加強金融創新（人民幣資本項目可兌換、人民幣跨境使用、外匯管理創新、利率市場化、金融服務業開放、QFII2等） 2. 上海國際金融中心建設連動
完善法治領域的制度保障	1. 暫停實施外資三法 2. 「一線開放，二線管住」創新監管模式 3. 探索試驗區稅收配套 4. 實施促進投資與貿易的稅收政策	1. 促進投資與貿易的稅收政策 2. 研究不導致「利潤移轉、稅基侵蝕」的境外股權投資和離岸業務發展稅收政策 3. 稅收政策配套	1. 探索適應國際企業與人才流動通行制度 2. 稅收政策配套
擴大投資領域開放	1. 擴大服務業開放 2. 實施負面清單管理機制，由核准制改為備案制	1. 實施負面清單管理 2. 企業准入單一窗口、登記註冊便利化 3. 外商投資、境外投資備案制	1. 擴大服務業、製造業等領域開放 2. 外商投資、境外投資管理制度改革 3. 完善企業准入單一窗口制度

註1：負面清單管理指除清單所列之項目不允許外，舉凡清單未列明之項目均為許可。

註2：「一線開放」表示境外及區內的貨物可以不受海關監管自由出入境；「二線管住」表示貨物從自由貿易區出入非自由貿易區要課徵相關的稅收。

註3：QFII2指合格境外個人投資者。

資料來源：本研究整理自《中國（上海）自由貿易試驗區總體方案》（國發〔2013〕38號）、《中國（上海）自由貿易試驗區條例》、《進一步深化中國（上海）自由貿易試驗區改革開放方案》（國發〔2015〕21號）。

考量上海自貿區政策具有掌握中國大陸前瞻性政策試驗方向的重要角色，應持續關注其動向，具體例如國家安全審查、反壟斷調查機制對台商的可能影響，以及科技創新措施帶給兩岸產業合作的機會。其次，上海自貿區政策效益將擴散至昆山等長三角台商投資聚集地，亦應關注對台商營運以及跨境產業鏈的影響。

二、廣東自貿區

廣東為中國大陸改革開放初期最早開放的數個口岸之一，但在歷經改革開放三十多年後，改革力度已出現弱化，需要以自貿區作為競爭力提升的重要平台。其次，廣東地理位置緊鄰港澳，產業、經濟密切連結，因此廣東自貿區以深化與港澳經貿合作為定位。

對台灣而言，廣東自貿區政策措施，[2] 以金融、貿易、人才等較具有政策意涵。金融方面，廣東自貿區將在「內地與香港、澳門關於建立更緊密經貿關係的安排」（CEPA）的基礎上，進一步推動雙向融資、雙向自由兌換、金融機構跨境擔保業務、港澳銀行可貸款予區內企業、個人跨境人民幣業務創新等。另外亦將推動引進和新設創新型金融機構、支援保險／基金互認、深化外匯管理體制改革、加快跨境人民幣創新業務等。貿易方面，廣東自貿區將推動涵蓋粵港澳之離岸貿易、會展業合作、電子商務配套、產品檢驗檢測技術與標準研究合作、貨運代理及貨物運輸規範標準對接等，提高粵港澳之經貿整合程度。另外值得關注的是，廣東自貿區明確制定吸引港澳高階人才策略，包括研擬港澳高階人才認定辦法，給予高階人才出入、停居留自貿區之便利，可能吸引港澳高階人才向廣東移動。

---

[2] 中國大陸國務院，《中國（廣東）自由貿易試驗區總體方案》（國發〔2015〕18號），資料來源：http://big5.gov.cn/gate/big5/www.gov.cn/zhengce/content/2015-04/20/content_9623.htm（最後瀏覽日期：2016年5月11日）。

考量長期以來粵港澳經貿關係十分緊密，加上中國大陸與港澳已簽署CEPA，使三地經貿合作密切程度高於兩岸，台灣可針對廣東自貿區金融、貿易、物流等大陸對於港澳開放程度較高項目，評估爭取比照或擴大開放程度。

三、天津自貿區

天津鄰接北京、河北，對外臨近韓國、日本，具先天地理優勢地位，亦為大陸北方重要航運中心。隨著天津濱海新區、北方國際航運中心等規劃建置，進一步為天津設置自貿區建立基礎。2014年12月，天津正式納入第二波中國大陸自貿改革試驗基地，確立天津自貿區以帶動京津冀區域協同發展之定位。

對台灣而言，天津自貿區政策措施[3] 以金融（融資、保險）、投資等措施較具有政策意涵，除人民幣國際化，天津自貿區同時著重於推動中小企業融資、商業保理、人民幣跨境再保險、巨災保險等金融業務；另亦積極推動融資租賃產業發展。投資方面，天津自貿區鼓勵外資股權投資、創業投資管理機構發起管理人民幣股權投資和創投基金等新形態投資，同時允許取得國際資格的外籍與港澳台地區專業人員與機構，在自貿區內依相關規定展開業務或擔任合夥人。

整體而言，由於天津自貿區定位為京津冀區域協同發展，相對於大陸其他自貿區，與台灣經貿關聯性較低。不過兩岸已於天津東疆港推動冷鏈物流合作，已實現台灣水果類產品進口快速通關，後續可以此為基礎，推動兩岸商貿綠色通道措施制度化。

---

[3] 中國大陸國務院，《中國（天津）自由貿易試驗區總體方案》（國發〔2015〕19號），資料來源：http://big5.gov.cn/gate/big5/www.gov.cn/zhengce/content/2015-04/20/content_9625.htm（最後瀏覽日期：2016年5月11日）。

四、福建自貿區

　　福建自「海西經濟區」開始，即被陸方賦予對台先行先試的重要平台，此次福建自貿區納入第二波自貿區申設名單，再次凸顯其對台合作交流的鮮明定位。整體而言，福建自貿區政策措施[4]以兩岸產業合作、海關／檢驗檢疫、投資、金融等措施較具有政策意涵。首先在產業合作方面，陸方明確提出對接自由經濟示範區之方向，並將尋求台閩產業合作新模式，推動研發、品牌、標準制定、產業鏈等多環節合作。其次，福建自貿區亦提出推動台灣先進製造業、戰略性新興產業、現代服務業在自貿區聚集發展，以及承接傳統產業等政策目標，顯示全方位產業合作的企圖。投資方面，福建自貿區將建構雙向投資促進合作新機制納入規劃，同時支持自貿區內品牌企業赴台投資。

　　海關、檢驗檢疫方面，福建自貿區提出「免原產地紙本證明通關」、「放寬直接運輸判定標準」等創新措施，並已經初步回應台商關切之通關、檢驗檢疫等障礙。但由於多數措施仍須由個別企業申請，與全面採認第三方認證結果尚有距離。其次，雖然平潭與台灣之間進出口產品原則上不實施檢驗，但台商產品並非銷往平潭一地，後續再進入福建及其他各省之檢驗、物流及相關配套措施仍待完善，才能提供台商完整開拓中國大陸市場之管道。投資方面，福建自貿區主要以提供台商「國民待遇」與ECFA服貿單向開放為重點，前者例如於ECFA架構下，對符合條件的台商，投資自貿區內服務行業的資格、門檻要求比照大陸企業；以及為允許持有台灣地區身分證明文件的自然人到自貿區註冊個體工商戶。後者如比對ECFA服貿協議與福建自貿區方案內容，可以發現多數領域類似，此顯

---

[4] 中國大陸國務院，《中國（福建）自由貿易試驗區總體方案》（國發〔2015〕20號），資料來源：http://big5.gov.cn/gate/big5/www.gov.cn/zhengce/content/2015-04/20/content_9633.htm（最後瀏覽日期：2016年5月11日）。

示陸方考量服貿協議延遲推動，乃改以單方面措施進行先行先試，以引導台商赴福建自貿區投資，進而拓展大陸市場。

最後在金融方面，福建自貿區以提供台商多元化資金取得、貸放管道；以及放寬台資銀行設立、營運範圍等規定為主，將可降低台商財務操作成本與台資銀行拓展大陸市場。以下彙整福建自貿區政策重點如表2所示。

表2　福建自貿區政策重點

政策面向	內容
政府職能轉變	1. 實行一口受理服務 2. 完善知識產權管理、執法體制與糾紛調解機制 3. 將原先政府部門承擔的資產評估、鑑定、諮詢、認證、檢驗檢測等職能逐步交由法律、會計、信用、檢驗檢測認證專業服務機構承擔
投資管理體制改革	1. 實行准入前國民待遇加負面清單管理模式 2. 外商企業投資改由備案制 3. 實施外商投資國安審查與反壟斷調查 4. 擴大航運服務、商貿服務、專業服務、文化服務、社會服務及先進製造業領域擴大開放，並降低外資投資門檻 5. 推進商業保理、典當行試點 6. 建構對外投資促進平台
推動貿易方式轉變	1. 發展電子商務與相關配套 2. 推動服務外包業務、汽車平行進口、文化貿易與版權貿易、轉口貿易 3. 放寬國際船舶企業限制 4. 簡化港澳CEPA貨物進口原產地證明提交需求 5. 試行動植物及其產品檢疫審批負面清單 6. 與海上絲路沿線國家開展海關、檢驗檢疫、認證認可、標準劑量等合作

政策面向	內容
推動金融領域開放創新	1. 推動資本項目限額內兌換、利率市場化、融資租賃、跨境合作支付、跨境人民幣業務創新、跨境個人投資者保護、金融風險控管機制 2. 建立境外融資、跨境資金流動管理政策 3. 放寬自貿區內法人金融機構、企業在境外發行人民幣和外幣債券的審批與規模限制，所籌措資金可根據需要調回自貿區內使用
培育平潭開放開發新優勢	1. 簡化船舶進出港口、入區申報手續 2. 加快旅遊產業升級，建設國際旅遊島 3. 推動平潭實施部分國家旅遊團入境免簽政策
法治保障機制	1. 實行一線開放、二線高效管住的特殊監管模式 2. 開展第三方信用服務機構信用評級報告試點 3. 完善企業年度報告、稅收政策 4. 暫停實施外資三法與台灣同胞投資保護法，建立相應的自貿區管理制度
對台政策	1. 探索台閩產業合作新模式，推動研發、品牌、標準制定、產業鏈多環節合作 2. 推動台灣先進製造業、戰略性新興產業、現代服務業在自貿區聚集發展 3. 支持自貿區內品牌企業赴台投資，促進兩岸產業鏈融合 4. 對接自由經濟示範區，建構雙向投資促進合作新機制 5. 擴大對台服務貿易開放，包含通信、運輸、旅遊、醫療等服務業，對符合條件之台商，行業資格與要求比照大陸企業 6. 對持有台灣地區身分證明文件的自然人到自貿區註冊個體工商戶 7. 探索台灣專業人才赴自貿區內行政、企業、科研機構任職 8. 落實兩岸司法互助 9. 推動對台貨物貿易自由，建立兩岸通關、貿易統計、原產地證書查核、優質企業（AEO）互認、檢驗檢測認證等合作 10. 完善對台小額貿易管理模式 11. 建構兩岸跨境電子商務相關配套 12. 對台輸往自貿區的農產品、水產品、食品、花卉等試行快速檢驗檢疫；簡化原產於台灣商品有關進口手續與審批程序；平潭與台灣之間進出口產品原則上不實施檢驗，並加強事中事後管理

政策面向	內容
對台政策	13. 推動兩岸人員往來便利化，對自貿區內投資、就業之台籍高階人才、專家或技術人員在申報、出入境給予便利 14. 支持廈門兩岸區域性金融中心建設 15. 推動兩岸金融合作，如與台金融機構開展跨境人民幣借款、台資法人金融機構設立分支機構之綠色通道等 16. 在ECFA架構下，推動金融服務業進一步開放，如設立異地支行、放寬金融機構投資股比限制等 17. 加強兩岸金融糾紛調解、仲裁、訴訟及金融消費者權益維護合作，建構多元糾紛協處管道 18. 允許台灣建築、規劃、醫療、旅遊等機構職業人員，持台灣機構頒發證書，在平潭片區開展業務 19. 試行兩岸同等學歷、任職資料、技能等級對接互認 20. 借鑑台灣的工程規劃及管理體制 21. 探索平潭片區對台試行監管互認機制

資料來源：本研究整理自《中國（福建）自由貿易試驗區總體方案》（國發〔2015〕20號）。

肆、中國大陸自貿區綜合評析

　　中國大陸自改革開放之後，歷經超過三十年的經濟高度成長，但過去依賴招商引資之外向型經濟成長模式，已不符合目前經濟情勢、國際規範與其自身內部經濟結構轉變之需求。加上各國積極轉向區域經濟整合，促使新形態貿易障礙形成，對於大陸出口貿易造成不利影響。內外在因素之壓力迫使中國大陸採取「以開放倒逼改革」的戰略，於2013年劃設第一個自貿區，冀望藉由小區域之試驗改革，進一步累積「可複製、可推廣」經驗，作為內部產業升級與經濟結構調整的動能；對外亦營造符合國際規範之經商條件及參與區域整合的基礎。[5]

---

[5] 上海財經大學自由貿易區研究院、上海發展研究院，中國（上海）自由貿易試驗區發展研究報告（第一版）（上海：上海財經大學出版社，2013）。

　　整體而言，大陸新一波自貿區政策措施大致可區分為兩大類型，一為複製上海自貿區經驗或落實國家政策方向；二為結合區域條件，進行個別自貿區制度創新。前者具有上海、廣東、天津、福建自貿區高度的一致性，包括實施投資統一版本的外商投資負面清單；企業自主管理制度；強化海關檢驗及相關政府單位整合（自由貿易單一窗口）；推動海關特殊監管區朝內銷與保稅業務轉型；推動跨境人民幣業務；支持電子商務、檢測維修、服務外包、融資租賃等新興產業發展等。後者則由個別自貿區陸續公布具有區域特色之創新措施，包括廣東、福建分別對港澳、台灣提出通關等便利措施（參見表3及圖1）。

表3　中國大陸自貿區重點政策措施與發展產業

自貿區	涵蓋範圍（分區）	面積	定位	重點政策措施	重點發展產業
上海（擴區）	• 外高橋保稅物流園區 • 外高橋保稅區 • 浦東機場綜合保稅區 • 洋山保稅港區 • 陸家嘴分區 • 金橋分區 • 張江分區	120.72平方公里（原28.78平方公里）	與國際接軌之制度改革試驗及長江經濟帶發展	• 加強社會信用體系應用 • 健全社會力量參與市場監督制度 • 推動產業預警制度創新、資訊公開制度創新、公平競爭制度創新、權益保護制度創新、科技創新體制機制改革 • 完善具有國際競爭力的航運發展制度和運作模式 • 探索適應企業國際化發展需要的創新人才服務體系和國際人才流動通行制度 • 研究完善促進投資和貿易的稅收政策	• 外高橋保稅區：國際貿易服務、金融服務、商業、商務、文化、休閒 • 外高橋保稅物流園區：國際物流服務 • 洋山保稅港區：國際航運、離岸服務 • 浦東機場綜合保稅區：國際航空服務、高階商業、貿易 • 陸家嘴：金融服務 • 金橋開發片區：生產性服務業、戰略性新興產業 • 張江高科技片區：研發

自貿區	涵蓋範圍（分區）	面積	定位	重點政策措施	重點發展產業
廣東	• 廣州南沙分區 • 深圳前海蛇口分區 • 珠海橫琴分區	116.20平方公里	深化粵港澳合作及泛珠三角轉型升級	• 進一步擴大對港澳服務業開放 • 促進（與港澳間）服務要素便捷流動 • 推動適應粵港澳服務貿易自由化的金融創新 • 引領珠三角地區加工貿易轉型升級 • 打造泛珠三角區域發展綜合服務 • 建設內地企業和個人「走出去」重要窗口	• 廣州南沙分區：航運物流、特色金融、國際商貿、高階製造等產業 • 深圳前海蛇口分區：金融、現代物流、資訊服務、科技服務等戰略性新興服務業 • 珠海橫琴分區：旅遊休閒健康、商務金融服務、文化科教和高新技術等產業
天津	• 天津港分區 • 天津機場分區 • 濱海新區分區	119.90平方公里	推動京津冀協同發展、發揮中蒙俄經濟走廊和海上合作戰略支點	• 提升租賃業發展水準 • 增強口岸服務輻射功能 • 促進區域產業轉型升級 • 推動區域金融市場一體化 • 構築服務區域發展的科技創新和人才高地	• 天津港分區：航運物流、國際貿易、融資租賃等現代服務業 • 天津機場分區：航空航太、裝備製造、新一代資訊技術等高階製造業和研發設計、航空物流等生產性服務業 • 濱海新區中心商務區：金融創新為主的現代服務業
福建	• 福州分區 • 廈門分區 • 平潭分區	118.04平方公里	深化兩岸經濟合作平台	• 探索台閩產業合作新模式 • 擴大對台服務貿易開放 • 推動對台貨物貿易自由 • 促進兩岸往來更加便利 • 推動兩岸金融合作先行先試 • 推進平潭服務貿易自由化、航運自由化，建設國際旅遊島	• 福州分區：先進製造業基地、21世紀海上絲綢之路沿線國家和地區交流合作的重要平台、兩岸服務貿易與金融創新合作示範區 • 廈門分區：兩岸新興產業和現代服務業合作示範區、東南國際航運中心、兩岸區域性金融服務中心和兩岸貿易中心 • 平潭分區：兩岸共同家園和國際旅遊島

註：本表僅呈現各自貿區總體規劃方案中重點政策措施與產業項目，未納入上海自貿區複製至各地之貿易、投資、金融與行政管理等措施。

資料來源：本研究整理。

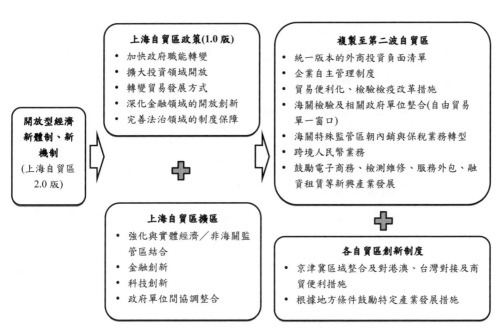

資料來源：本研究整理。

圖1　中國大陸自貿區政策演進與架構

伍、兩岸區對區合作之可能層次與議題

如前所述，兩岸區對區合作的基本目的為：降低兩岸商貿往來障礙，特別是涉及法規、制度層面議題，以建構有利於雙方推動產業合作的環境。其次，區對區的合作亦具有引導產業合作模式創新的意涵，可針對兩岸產業鏈目前合作遭遇限制的環節，例如資金、技術、人才等試行開放，或是離岸服務、跨境電商等新興營運模式之合作，以開展兩岸產業新的合作空間。

一、降低兩岸商貿往來障礙

針對攸關台商拓展大陸市場之海關、檢驗檢疫、物流等議題進行合

作，即以區對區架構，建立兩岸「跨境綠色通道」。具體而言，海關方面，兩岸目前貿易報單文件尚未調和、大陸口岸間作業標準不一致對於台商營運構成困擾；檢驗檢疫方面，兩岸檢驗檢疫項目與認定標準不一致、兩岸檢驗結果未相互認證導致重複檢驗、特定產品（預包裝食品、化妝品、藥品）查驗程序繁瑣等障礙，均可評估透過區對區合作加以排除。

二、協助台商營運及轉型升級

　　台商過去以加工出口為主要營運形態，面對中國大陸勞動成本增加、技術自主程度提高與內需市場的興起等變化，轉型升級的挑戰十分嚴峻，而其中取得資金、人才為企業轉型升級的關鍵要素。但大陸台商長期面臨當地資金取得管道有限、成本高、貸款額度受限於投註差[6]等問題；台資銀行亦面臨營運項目、服務對象、地點、牌照配額等限制，發展空間受到侷限。其次，人才方面則面臨惡性挖角、籌組管理團隊不易等挑戰。基於此，區對區合作除了排除兩岸跨境商貿障礙，亦可延伸至金融、人才等攸關台商營運與轉型升級之政策措施進行合作。

三、創新兩岸產業合作模式

　　隨著中國大陸提升產業技術自主程度與當地供應鏈日趨完整，過去以上下游垂直模式的產業鏈合作策略，即陸方企圖以市場換取投資與技術，台商則以開拓市場為目的之思維，已經面臨瓶頸，必須尋求產業合作模式的創新。本文初步提出可能的方向如下：

---

[6] 投註差指外商投資企業在註冊資本和投資總額的差額範圍內可自行借用外債，即企業的中長期外債累計發生額、短期外債餘額以及對外擔保履約額之和，不得超過其投資總額與註冊資本的差額。

（一）產業鏈整合與排除各環節合作障礙

過去兩岸產業合作在前述技術／市場交換的邏輯下，雙方各自發展產業鏈而欠缺整合的思維，導致重複投資與競爭加劇。區對區合作可進行排除現階段相關法規、制度障礙之試驗。具體例如研發領域之臨床試驗結果互認、共建專利池；行銷領域之共建品牌、跨境電子商務合作；人力資源領域之技職訓練、企業培訓合作；逆物流領域之檢測、二手機械維修服務等，引導兩岸業者或機構於產業鏈各環節展開合作。

（二）建構創新制度環境之合作

兩岸近期皆以「創新驅動」作為經濟發展策略之主軸，並積極建構適合產業創新之制度環境，以帶動傳統產業轉型，以及新興產業、新創事業及商業模式發展。部分議題台灣可能因為發展較為成熟，或具有優勢項目，具有推動兩岸合作之機會，具體例如節能、環保與工業區管理等領域，台灣業者相對較早投入且已有完整的產品與系統，但進入中國大陸市場仍面臨障礙，可於自貿區試行開放與合作。

其次，隨著全球與兩岸產業的快速發展，平台經濟、創新創業、跨國併購、離岸服務等已逐漸改變傳統產業生態與商業模式，亦衍生複雜的市場競爭與管理機制議題，甚至對社會造成廣泛影響。具體例如電子商務平台、支付體系、創投資本管理、智慧財產權、跨境租稅等議題，在兩岸各自建構創新制度環境時，將帶來制度調和之挑戰與合作機會，可針對相關課題於自貿區進行對接試驗。

（三）海外第三地市場之合作

考量兩岸業者在中國大陸市場競爭關係加劇，結合雙方優勢共同開拓東協等第三地市場，亦為兩岸產業合作創新的可能方向。特別是廣東自貿區、福建自貿區皆為中國大陸「一帶一路」政策重要口岸，目前亦規劃與

沿線國家展開海關、檢驗檢疫等制度調和工作，[7] 或建立東協等區域市場商品交易平台[8] 等，兩岸可尋求合作機會，共同布局海外市場商機。

陸、兩岸區對區合作策略建議

2008年馬政府上台後，即致力於兩岸關係的改善，不僅兩岸經濟合作架構協議（ECFA）在2010年9月生效，促使兩岸經貿往來朝制度化方向發展外，兩岸亦簽署23項協議，使兩岸經貿往來更加自由與便利。這段期間兩岸已簽署服務貿易協議，貨貿也進行多次協商，但目前服貿協議尚未通過立法院的審查，貨貿協議也尚未談完，兩岸關係在2016年5月20日之後會如何演變，充滿變數。

根據目前的發展情勢，未來兩岸經貿關係要回到馬政府時代的狀況，可能性較低，此意味著未來兩岸要透過正式協商或談判進行經貿進一步的自由化及正常化，機會較低。若是這樣的狀況真的發生，兩岸經貿關係要如何維繫，台商的權益要如何維護，是新政府需要思考的問題。

本文認為若基於政治問題，兩岸經貿關係無法全面的自由化及正常化，也許退而求其次的方法是兩岸進行區對區的合作，以維護台商的權益，並使兩岸經貿關係不至於停滯或倒退，這對兩岸產業發展都是較好的選擇。以下將兩岸若進行區對區合作的話，在整體合作層面及與個別自貿區合作層面上，應該採行的策略提出建議。

---

[7]　廣東省人民政府，《中國（廣東）自由貿易試驗區建設實施方案》（粵府〔2015〕68號），資料來源：http://zwgk.gd.gov.cn/006939748/201507/t20150721_593534.html（最後瀏覽日期：2016年5月11日）。

[8]　「推進福建自貿區對東盟貿易投資自由化」，福建日報（福州），2016年2月15日，資料來源：http://fjrb.fjsen.com/fjrb/html/2016-02/15/content_899861.htm?div=-1#（最後瀏覽日期：2016年5月11日）。

一、整體合作策略建議

（一）應以排除雙方商貿往來面臨障礙為合作之基本目標

透過大陸自貿區推動兩岸制度對接的主要目的，乃是針對雙方自由化過程中，與兩岸商貿相關障礙事項，特別是開放疑慮高、具爭議性的議題，透過自貿區優先進行試驗。其次，由於兩岸ECFA服貿協議尚未完成審議程序；貨貿協議則尚在協商中，推動與大陸自貿區之合作或可作為替代策略，以協助業者營運中國大陸市場。

基於此，兩岸透過自貿區合作，應以排除雙方商貿往來面臨障礙為基本目標，包括物流、金流、人流、資訊流等各個面向。物流方面，可建立兩岸貨物流通的綠色通道，包括海關便捷化、檢驗檢疫結果相互接受等措施，促進兩岸貨物及產業鏈連接順暢；金流方面，可建立兩岸貿易及投資的資金流通順暢並降低資金成本，進一步建立台灣成為人民幣離岸交易中心；人流方面，促進兩岸人員往來順暢，可先針對產業合作項目的人員移動進行鬆綁；資訊流方面，可針對商業活動，例如電子商務網站必須順暢，不被遮蔽；兩岸的產業政策也有必要進行資訊的交流及溝通。透過上述各面向自由化政策之合作，將可累積相關經驗；如有具體成效再予以擴大，將有利於兩岸產業合理分工、合理布局，並降低惡性競爭與營運風險。

（二）兩岸自貿區合作可以商貿綠色通道為起點

兩岸於海關、檢驗檢疫等障礙已有部分突破，例如電子通關作業合作、AEO（優質企業）認證合作已取得共識等；其次福建自貿區已回應業者面臨之通關障礙等議題，皆已形成兩岸綠色通道雛形。考量協助台商降低營運成本與開拓大陸市場，可優先推動於兩岸自貿區架構下，整合兩岸自貿區海關、檢驗檢疫、物流等制度創新措施，以建構商貿綠色通道。

其次，兩岸貿易、投資等涉及相關法規、制度面障礙，如短時間內難以透過協商獲得改善，亦可藉由自貿區享有陸方政策支持之條件，進行小範圍開放試驗，後續再視成效擴大與制度化。

（三）根據台灣經濟與產業發展需求爭取自貿區措施複製

目前大陸各自貿區或經濟功能區皆有若干對台灣之開放或便利措施，如海關、檢驗檢疫、金融等，應爭取擴大適用範圍，或正式形成法規、制度。具體例如福建自貿區、昆山試驗區對台相關政策，亦可複製至上海或其他自貿區或口岸，包括檢驗檢疫簡化流程、集團內跨境人民幣借貸、金融業以人民幣直接投資等措施。

（四）關注自貿區內、區外連結政策進展與排除相關障礙

中國大陸自貿區主要功能之一為帶動周邊區域經濟發展，但自貿區向外輻射效應的關鍵在於檢驗、物流、行政體系等配套措施是否完整。對於台商而言，則關注如何能將綠色通道自自貿區向外延伸，以形成開拓中國大陸市場之有效管道，並降低相關成本。其次，上海自貿區跨境人民幣措施目前以自境外取得人民幣資金為主，但區內、區外滲透機制仍相當嚴格，資金使用範圍亦有限制。後續兩岸應針對大陸自貿區之間的政策協調、連動以及連結區外之相關政策等進行協商，以擴大對台商營運之助益。

（五）持續推動自由化政策及留意兩岸自貿區的競爭關係

觀察兩岸示範區、自貿區均有類似的自由化目標與推動產業，未來可能於投資、人才領域出現競爭關係。[9] 例如上海自貿區致力發展為國際航

---

[9] 史惠慈，「上海自由貿易試驗區的推動對台灣的啟示」，兩岸經貿月刊（台北），2013年第11期，頁11-14；王健全，「上海自由貿易試驗區對台灣經濟之影響及因應」，證交資料（台北），第619期（2013年11月），頁34-41。

運中心；台灣示範區則著重深層加工、逆物流和多國轉運等創新服務，致力發展國際加值服務中心、檢測中心和配銷中心。但上海自貿區已將產品維修服務納入推動項目；福建自貿區亦積極透過海關監管區改革發展國際中轉業務，此皆可能與台灣示範區欲發展項目形成競爭關係。其次在競逐人力資源方面，大陸自貿區積極推動吸引包括台灣在內之國際人才的各項優惠政策，預估在金融、醫療、管理與技術人才領域都將出現競爭態勢。基於此，台灣應盡速推動示範區條例及相關自由化措施，以避免競爭條件惡化及衍生的負面影響。

二、與個別自貿區合作策略建議

（一）上海自貿區：以商貿綠色通道及跨境產業鏈合作為優先

上海自貿區扮演中國大陸推動制度改革的重要據點，對於台灣而言，應關注海關、檢驗檢疫、物流等領域之創新政策及兩岸的合作機會。其次，考量上海（張江）及周邊地區為台商高科技產業投資主要聚集區，應關注上海自貿區與科技創新相關政策，及對於台灣高科技產業出口與跨境產業鏈的影響。至於金融議題，則以協助台商增加資金取得管道、台資金融機構人民幣資金去化及拓展大陸市場等為基本目標，惟仍需觀察台商進駐自貿區與應用相關措施之動向而定。

（二）廣東自貿區：以關注粵港澳自由化措施及海外市場合作為重點

廣東自貿區以加強粵港澳經貿整合為主要目標，對於台灣的意涵主要為參考陸方以CEPA為基礎，進一步提供港澳之政策措施，特別是海關、檢驗檢疫、物流、金融、人員移動等領域，進而要求擴大對台灣開放程度。根據目前公布之相關文件，廣東自貿區值得關注的合作項目包括粵港澳電子商務配套、產品檢驗檢測技術與標準研究合作、貨運代理及貨物運

輸規範標準對接等；以及粵港澳雙向融資、雙向自由兌換、金融機構跨境擔保業務、港澳銀行可貸款予區內企業、支援保險／基金互認、深化外匯管理體制改革等。其次，廣東自貿區將與「一帶一路」沿線國家和地區進行合作，建立檢驗結果互認機制，進而形成互聯互通監管合作新模式。基於此，廣東自貿區將可扮演兩岸共同拓展海外市場之重要基地，開展產業合作新的空間。

（三）天津自貿區：以冷鏈物流合作為基礎建立商貿綠色通道

天津自貿區定位為京津冀協調發展，並以商業保理、保險、融資租賃等金融創新較為突出。雖然天津自貿區改革方案與台灣關聯性相對較低，但已推動多項海關創新措施，加上兩岸已於天津東疆港推動冷鏈物流產業合作，並已實現到港、卸貨、換單後，八小時內可以完成海關與檢疫手續；水產品如業者文件與資格符合，亦可快速通關。後續可以此為基礎，延伸至預包裝食品、化妝品等目前兩岸障礙較高之商品項目，擴大形成綠色通道。其次，由於融資租賃為天津極具優勢之金融服務項目，加上政策支持度高，亦可推動台灣相關業者進行合作。

（四）福建自貿區：可推動商貿綠色通道、跨境產業鏈及海外市場合作

整體而言，福建自貿區政策措施可視為海西經濟區之延伸，並於多項台灣關切的服務貿易、檢驗檢疫、投資、金融等議題，提供單方向之優惠措施，後續可加以整合形成兩岸商貿綠色通道。其中物流方面，中國大陸東南沿海遠洋航線不足，必須透過上海、廣州等口岸運輸；兩岸可推動結合台北港、桃園機場，透過海空聯運方式，拓展中國大陸貨物中轉商機。

其次，考量兩岸服貿協議生效時間尚存在不確定性，加上台商如於福建自貿區設立據點，市場範圍可擴及中國大陸各地，福建自貿區對台灣單方面開放措施，短期將有利於台商拓展大陸市場商機。但目前福建自貿區

多為陸方單方面之開放，如長期為台灣單向資金、產業外移，且侷限於福建自貿區，將衍生負面影響與風險。基於此，應根據議題屬性，爭取與大陸不同自貿區之多元合作策略，以利產業於兩岸間合理布局。

　　另一方面，由於台灣電子、輪胎、石化、金融等產業已投資福建自貿區，後續可研析台商投資布局、跨境產業鏈分工與雙方可能的合作機會。再者，福建作為中國大陸「一帶一路」政策，特別是「一路」——21世紀海上絲綢之路的重要口岸城市，兩岸透過福建自貿區進行合作，將有利於台商掌握大陸與區域市場商機。

參考書目

「推進福建自貿區對東盟貿易投資自由化」，**福建日報**（福州），2016年2月15日，資料來源：http://fjrb.fjsen.com/fjrb/html/2016-02/15/content_899861.htm?div=-1#（最後瀏覽日期：2016年5月11日）。

上海財經大學自由貿易區研究院、上海發展研究院，**中國（上海）自由貿易試驗區發展研究報告**（第一版）（上海：上海財經大學出版社，2013）。

「上海自貿區2.0版呼之欲出金融和科技創新」，**上海證券報**（上海），2015年4月11日，資料來源：http://news.xinhuanet.com/finance/2015-04/11/c_127678383.htm（最後瀏覽日期：2016年5月11日）。

中國大陸國務院，《中國（天津）自由貿易試驗區總體方案》（國發〔2015〕19號），資料來源：http://big5.gov.cn/gate/big5/www.gov.cn/zhengce/content/2015-04/20/content_9625.htm（最後瀏覽日期：2016年5月11日）。

中國大陸國務院，《中國（福建）自由貿易試驗區總體方案》（國發〔2015〕20號），資料來源：http://big5.gov.cn/gate/big5/www.gov.cn/zhengce/content/2015-04/20/content_9633.htm（最後瀏覽日期：2016年5月11日）。

中國大陸國務院，《中國（廣東）自由貿易試驗區總體方案》（國發〔2015〕18號），資料來源：http://big5.gov.cn/gate/big5/www.gov.cn/zhengce/content/2015-04/20/content_9623.htm（最後瀏覽日期：2016年5月11日）。

中國大陸國務院，《進一步深化中國（上海）自由貿易試驗區改革開放方案》（國發〔2015〕21號），資料來源：http://big5.gov.cn/gate/big5/www.gov.cn/zhengce/content/2015-04/20/content_9631.htm（最後瀏覽日期：2016年5月11日）。

王健全，「上海自由貿易試驗區對台灣經濟之影響及因應」，**證交資料**（台北），第619期（2013年11月），頁34-41。

史惠慈，「上海自由貿易試驗區的推動對台灣的啟示」，**兩岸經貿月刊**（台北），2013年第11期，頁11-14。

廣東省人民政府，《中國（廣東）自由貿易試驗區建設實施方案》（粵府〔2015〕68號），

資料來源：http://zwgk.gd.gov.cn/006939748/201507/t20150721_593534.html（最後瀏覽日

期：2016年5月11日）。

大陸自貿區發展、兩岸互動與跨界合作：
機會與挑戰

陳德昇

（政治大學國際關係研究中心研究員）

摘要

　　近年來，東亞地區地緣政治變遷與矛盾加劇。不僅有釣魚台的中日紛爭，亦有南海霸權的挑戰。而台灣2016大選結果出現政黨輪替，亦會爆發潛在政治衝突。雖然地緣政治的緊張態勢將影響經濟發展，並在短期可能難以緩解，但市場競爭和利益驅動之經貿關係，仍有其市場運作的規律。如何透過策略運作、制度創新，以及政府與企業之互動，促成商機與市場發展應是值得關注的課題。

　　面對世界經濟格局不確定性的挑戰，以及來自東亞與兩岸地緣政治變遷和意識形態對立，皆可能對經貿互惠格局產生衝擊和影響。因此，如何在政治變局中找尋經貿互動定位，不僅必須規避政治風險和衝擊，也須在政治限制格局中逆勢尋求商業合作機會。尤其在跨地域和跨產業的前瞻與多元合作，以及透過信任平台的建構與法制規範的有效運作，皆有利在日益嚴峻的政治形勢下，尋求新經貿格局。

關鍵詞：自貿區發展、兩岸互動、跨界合作、十三五規劃、服務業

壹、前言

近年來，東亞地區地緣政治變遷與矛盾加劇。不僅有釣魚台的中日紛爭，亦有南海霸權的挑戰。而台灣2016大選結果出現政黨輪替，亦會爆發潛在政治衝突。雖然地緣政治的緊張態勢將影響經濟發展，並在短期可能難以緩解，但市場競爭和利益驅動之經貿關係，仍有其市場運作的規律。如何透過策略運作、制度創新，以及政府與企業之互動，促成商機與市場發展應是值得關注的課題。

就逆向思維而論，東亞政治僵局可能短期難解，但吾人不但可預設未來有化解之可能，且當前亦可前瞻地做策略性準備與布局，從而能在最大可能限度內爭取商機，建構信任與網絡。換言之，吾人不因外在政治變數制約經貿合作與對話，反之將危機轉化為商機和契機，或能在微妙複雜的政治變局中尋求最佳之機會。

本文首先分析大陸自貿區發展與特色，其次論及兩岸關係與大陸經貿政策取向，並解析跨界合作思路。最後提出評估和展望。

貳、大陸自貿區發展與績效

大陸自2013年9月29日首先設置上海自貿區，其後則於2015年4月在天津、福建與廣東部分地區設立（參見表1）。其目的之一主要在於：因應全球區域整合對市場自由化訴求，尤是美國主導之TPP（the Trans-Pacific Strategic Economic Partnership）對市場開放與自由化採取高標準之規範，中國大陸顯然在短期內難以符合要求。因此，透過自貿區的建置與持續擴大實驗區設立，期能透過漸進改革與市場自由化，實現市場開放與國際接軌之目標。

表1　大陸自由貿易試驗區區位、範圍與特色

設立名稱	設立時間	主要區域	特色
上海	2013/9/29	依據上海自貿區的總體規劃方案，上海自貿區規劃為四塊功能區域，範圍包括：上海外高橋保稅區、上海外高橋保稅物流園區、上海洋山保稅港區和上海浦東機場綜合保稅區等海關特殊監管區域，共計28.78平方公里。2015年3月1日起，陸家嘴金融片區、金橋開發片區、張江高科技片區將正式納入上海自貿區範圍，面積將擴大至120.72平方公里。	1. 金融、航運與商貿領域：金融領域的政策主要有，允許符合條件的外資金融機構設立外資銀行，符合條件的民營資本與外資金融機構共同設立中外合資銀行。 2. 專業領域：允許設立外商投資資信調查公司；允許在試驗區內註冊的符合條件的中外合資旅行社，從事出境旅遊業務（港澳及東南亞地區除外）；外資者可以擁有不超過70%股權的方式設立中外合資人才中介機構。 3. 文化與社會服務領域：取消外資演出經紀機構的股比限制，允許設立外商獨資演出經紀機構，為上海市提供服務；允許設立外資獨資的娛樂場所，在試驗區內提供服務；允許舉辦中外合作經營性教育培訓機構；允許舉辦中外合作經營性職業技能培訓機構；允許設立外商獨資醫療機構。
天津	2015/4/21	中國（天津）自由貿易試驗區的實施範圍119.9平方公里，涵蓋三個片區：天津港片區（30平方公里）、天津機場片區（43.1平方公里）、濱海新區中心商務片區（46.8平方公里）。	1. 加快政府職能轉變。 2. 擴大投資領域開放。 3. 推動貿易轉型升級。 4. 深化金融領域開放創新。 5. 推動實施京津冀協同發展戰略。
福建	2015/4/21	自貿區總面積118.04平方公里，包括平潭片區（43平方公里）、廈門片區（43.78平方公里）和福州片區（31.26平方公里）。	1. 根據中國大陸官方的定位，福建自貿區「立足於深化兩岸經濟合作」、「著力加強閩台產業對接、創新兩岸服務業合作模式，以此輻射帶動海峽西岸經濟發展」。

設立名稱	設立時間	主要區域	特色
			2. 按區域布局劃分，平潭片區重點建設兩岸共同家園和國際旅遊島，在投資貿易和資金人員往來方面實施更加自由便利的措施；廈門片區重點建設兩岸新興產業和現代服務業合作示範區、東南國際航運中心、兩岸區域性金融服務中心和兩岸貿易中心。 3. 福州片區重點建設先進製造業基地、21世紀海上絲綢之路沿線國家和地區交流合作的重要平台、兩岸服務貿易與金融創新合作示範區。
廣東	2015/4/21	總面積116.2平方公里，包括四個片區，分別位於珠三角的三座城市，即廣州市的南沙新區片區、深圳市的前海片區、蛇口片區以及珠海市的橫琴新區片區。	廣東自貿區預計會為廣東省在經濟改革方面增添新力量，定位為「基於CEPA下的粵港澳深度合作」。

資料來源：1.「中國（上海）自由貿易試驗區」，維基百科，https://zh.wikipedia.org/wiki/%E4%B8%AD%E5%9B%BD%EF%BC%88%E4%B8%8A%E6%B5%B7%EF%BC%89%E8%87%AA%E7%94%B1%E8%B4%B8%E6%98%93%E8%AF%95%E9%AA%8C%E5%8C%BA（瀏覽日期：2016年3月17日）。
2.「中國（天津）自由貿易試驗區」，維基百科，https://zh.wikipedia.org/wiki/%E4%B8%AD%E5%9B%BD%EF%BC%88%E5%A4%A9%E6%B4%A5%EF%BC%89%E8%87%AA%E7%94%B1%E8%B4%B8%E6%98%93%E8%AF%95%E9%AA%8C%E5%8C%BA（瀏覽日期：2016年3月17日）。
3.「中國（福建）自由貿易試驗區」，維基百科，https://zh.wikipedia.org/wiki/%E4%B8%AD%E5%9B%BD%EF%BC%88%E7%A6%8F%E5%BB%BA%EF%BC%89%E8%87%AA%E7%94%B1%E8%B4%B8%E6%98%93%E8%AF%95%E9%AA%8C%E5%8C%BA（瀏覽日期：2016年3月17日）。
4.「中國（廣東）自由貿易試驗區」，維基百科，https://zh.wikipedia.org/wiki/%E4%B8%AD%E5%9B%BD%EF%BC%88%E5%B9%BF%E4%B8%9C%EF%BC%89%E8%87%AA%E7%94%B1%E8%B4%B8%E6%98%93%E8%AF%95%E9%AA%8C%E5%8C%BA（瀏覽日期：2016年3月17日）。

　　然而，必須指出的是，大陸四個自貿區運作績效並不如預期。其中除廣東前海片區基礎條件較佳外，[1]負面清單調整（參見表2），其餘自貿區並無實質重大進展。尤其是最早設立的上海自貿區，在金融開放和監理機制不如預期，以及原本承諾的企業開放措施和優惠作為未能兌現，較受到批評。[2]

表2　2014和2015負面清單製造業與金融業比較

類別	2014	2015
製造業	1. 農副食品加工 2. 酒、飲料和精製茶製造 3. 菸草製造 4. 印刷和記錄媒介複製 5. 文教、工美、體育和娛樂用品製造 6. 石油加工、煉焦和核燃料加工 7. 化學原料和化學製品製造 8. 醫藥製造 9. 有色金屬冶煉和軋延加工 10. 通用設備製造 11. 專用裝備製造 12. 汽車製造 13. 鐵路、船舶、航空航天和其他運輸設備製造 14. 電氣機械和器材製造 15. 計算機、通信和其他電子設備製造	1. 航空製造 2. 船舶製造 3. 汽車製造 4. 軌道交通設備製造 5. 通信設備製造 6. 礦產冶煉和軋延加工 7. 醫藥製造 8. 其他製造

---

[1] 依晉江陸商表示之看法。

[2] 上海法律學者訪談觀點。

類別	2014	2015
金融業	1. 貨幣金融服務 2. 資本市場服務 3. 保險業 4. 其他金融	2015年金融業之負面清單表列非行業類別，而是提出相關金融機制的資格限制
		1. 銀行業股東機構類型要求 2. 銀行業資格要求 3. 銀行業股比要求 4. 外資銀行 5. 期貨公司 6. 證券公司 7. 證券投資基金管理公司 8. 證券和期貨交易 9. 保險機構設立 10. 保險業務
△服務業開放試驗速度將更謹慎。		

資料來源：自由貿易試驗區外商投資准入特別管理措施（負面清單）的通知，MIC整理，2015年4月。

　　此外，中國大陸的四大自貿區戰略建設過程，亦將與「一帶一路」建設全面對接，扮演引領經濟發展新格局的「新引擎」角色。自貿區規劃也將進一步連結到大陸對外洽簽自由貿易協定（FTA）談判，以及為建設面向全球新一代高標準的FTA網絡奠定基礎，其中還涉及暫時停止實施台資企業的行政審批，改為備案管理，特別是福建自貿區的面向台灣之戰略設計，更攸關未來兩岸經貿合作關係發展動向。[3]

參、「十三五」規劃與政策取向

　　中共十二屆「人大」四次會議閉幕，並通過「十三五規劃」。此一會

---

[3] 吳福成，「中國大陸『3+1』自貿區戰略布局」，台經院研究報告。

議反映之經貿政策取向主要包括：溫和式增長、簡政放權、重視民生與
創新驅動、強調環境治理（參見表3），以及「供給側結構性改革」。因
此，根據中共「十三五規劃」的目標，在經濟發展方面，未來五年經濟發
展維持在6.5%，相對於過去三十年的高增長，「十三五規劃」成長目標
相對較低。一方面是過去粗放、污染高的增長模式不可持續；另一方面是
經濟結構調整、生產過剩調節與整治官箴，亦使其增長力道弱化。因此，
可以預期的是，中共在「十三五」期間僅能維持中高度增長，但相對於世
界平均增長水平，仍具高增長特色與相對優勢。

表3　中共「十三五」主要指標

指標			2015	2020	年均成長率%	屬性	相較十二五標準	執行成效
經濟發展	國內生產總值（兆元）		67.7	>92.7	>6.5	預期	下降	◎
	全國勞動生產力（萬元／人）		8.7	>12	>6.6	預期	新	
	城鎮化率	常住人口	56.1	60	[3.9]	預期	持平	◎
		戶籍人口	-	45	-	預期		
	服務業增加比例（%）		50.5	56	[5.5]	預期	上升	◎
創新驅動	研究與試驗發展經費投入強度（%）		2.1	2.5	[0.4]	預期	持平	-
	每萬人口發明專利擁有量（件）		6.3	12	[5.7]	預期	上升	◎
	科技進步對GDP貢獻率（%）		55	60	[5]	預期	新	
	互聯網普及率	固定寬頻家庭（%）	40	70	[30]	預期	新	
		移動寬頻用戶（%）	57	85	[28]	預期		
民生福祉	居民人均可支配收入增長（%）		-	-	>6.5	預期	-	-
	勞動年齡人口平均受教育年限（%）		10.23	10.8	[0.57]	約束	新	
	城鎮新就業人數（萬人）				[5,000]	預期	上升	◎
	農村貧困人口脫貧（萬人）				[5,575]	約束	新	
	基本養老保險參保率（%）		82	90	[8]	預期	-	-
	城鎮棚戶區住房改造（萬套）				[2000]	約束		
	人均預期壽命（歲）				[1]	預期	持平	-

指標		2015	2020	年均成長率%	屬性	相較十二五標準	執行成效
資源環境	耕地保有量（億畝）	18.65	18.65	[0]	約束	持平	◎
	新增建設用地規模（億畝）			[<3,265]	約束	新	
	萬元GDP用水下降（%）			[23]	約束	下降	-
	單位GDP能源消耗降低（%）			[15]	約束	持平	-
	非石化能源占一次能源消費比率（%）	12	15	[3]	約束	持平	◎
	單位GDP二氧化碳排放降低（%）			[18]	約束	上升	
	森林發展　森林覆蓋率（%）	21.66	23.04	[1.38]	約束	上升	◎
	森林發展　森林蓄積量（億立方米）	151	165	[14]	約束	上升	◎
	空氣質量　地級以上城市空氣品良天數比率（%）	76.7	>80	-	約束	新	
	空氣質量　細顆粒物未達標準地級以上城市濃度下降（%）			[18]	約束		
	地表水質量　達到或好於III水體比例（%）	66	>70	-	約束	新	
	地表水質量　劣V類水體比例（%）	9.7	<5	-	約束		
	主要污染物排放總量減少　化學需氧量（%）	-	-	[10]	約束	上升	-
	主要污染物排放總量減少　二氧化碳（%）	-	-	[10]	約束	上升	-
	主要污染物排放總量減少　氨氣（%）	-	-	[15]	約束	上升	-
	主要污染物排放總量減少　氮氧化物	-	-	[15]	約束	上升	-

備註：[ ]內為五年累計數；◎執行成效相對較佳。

資料來源：1.「十三五規劃綱要」，維基百科，https://zh.wikipedia.org/wiki/%E5%8D%81%E4%
　　　　　B8%89%E4%BA%94%E8%A7%84%E5%88%92（瀏覽日期：2016年3月17日）。
　　　　2.資訊工業策進會，2016年3月。

　　在服務業發展方面，2015年大陸服務業占GDP比重已達50.5%，到2020年估計可達56.5%（參見表3），此與現代化國家服務業占GDP比重高達70%至80%仍有相當大的差距。此不僅顯示大陸服務業發展仍深具潛力，其在製造服務和生活服務業數量與質量，皆有更大發展與合作之空

間。此外，在環境治理方面，「十三五規劃」多強調約束性指標，顯示環保要求和治理將有更嚴苛的標準要求和政策規範。

肆、兩岸關係變遷與挑戰

　　雖然馬總統執政八年在兩岸關係建立政治互信基礎，因而兩岸和平發展得以落實，並簽署23項協議成果（參見表4），但由於內政治理不彰，影響政績表現，導致政黨輪替後果。明顯的，雖然兩岸關係穩定發展能得到認同，但不盡然能轉化為政治支持。反之，內政治理失能，兩黨民意支持差距擴大，兩岸關係單一因素無法扭轉內政支持（參見表5，各模式與可能性）。此外，欠缺兩岸政治基礎的兩岸互動，能否有較佳之執政政績表現，且執政者在內政治理能否持續受到認同，亦面臨考驗。

表4　兩岸簽署23項協議一覽表（2008年6月-2015年8月）

時間	會議名稱	協議名稱
2008年6月11-14日	第一次江陳會談	1. 海峽兩岸包機會談紀要 2. 海峽兩岸關於大陸居民赴台灣旅遊協議
2008年11月3-7日	第二次江陳會談	1. 海峽兩岸空運協議 2. 海峽兩岸海運協議 3. 海峽兩岸郵政協議 4. 海峽兩岸食品安全協議
2009年4月25-29日	第三次江陳會談	1. 海峽兩岸共同打擊犯罪及司法互助協議 2. 海峽兩岸金融合作協議 3. 海峽兩岸空運補充協議
2009年12月21-25日	第四次江陳會談	1. 海峽兩岸農產品檢疫檢驗協議 2. 海峽兩岸漁船船員勞務合作協議 3. 海峽兩岸標準計量檢驗認證合作協議

時間	會議名稱	協議名稱
2010年6月28-30日	第五次江陳會談	1. 海峽兩岸經濟合作架構協議 2. 海峽兩岸智慧財產權保護合作協議
2010年12月20-22日	第六次江陳會談	海峽兩岸醫藥衛生合作協議
2011年10月19-21日	第七次江陳會談	海峽兩岸核電安全合作協議
2012年8月9日	第八次江陳會談	1. 海峽兩岸投資保障和促進協議 2. 海峽兩岸海關合作協議
2013年6月21日	第一次林陳會談	海峽兩岸服務貿易協議
2014年2月27日	第二次林陳會談	1. 海峽兩岸地震監測合作協議 2. 海峽兩岸氣象合作協議
2015年8月25日	第三次林陳會談	1. 海峽兩岸避免雙重課稅及加強稅務合作協議 2. 海峽兩岸民航飛航安全與適航合作協議

表5　兩岸互動與政治發展變遷圖

兩岸互動 執政能力		兩岸政治基礎	
		強	弱
執政能力與績效表現	佳	模式1： 具良好兩岸政治互動、執政能力佳	模式2： 兩岸缺乏政治基礎和信任，但具良好執政能力
	劣	模式3： 具良好兩岸政治基礎，但執政能力差	模式4： 兩岸缺乏政治基礎和信任，且執政能力表現不佳

　　當前兩岸關係發展，正面臨是否出現戰略逆轉之挑戰。一方面，陸方對「九二共識」與「兩岸同屬一中」的底線堅持；另一方面，新執政黨對兩岸關係的定位與政策主張存有政治分歧。即使新執政當局於5月20日「就職演說」兩岸議題論述，會面對來自中共與美國的壓力，但也有來自民進黨內政治傾向之制約。因此，未來兩岸執政當局的政治矛盾和衝突便

難以避免，此勢將對台政治、外交、經濟、文教與社會交流和對話產生衝擊（參見圖1）。基本而言，屬於高政治的衝擊力大，反之低政治衝擊較小，但民間與經貿社會層面未來可能成為中共爭取之對象。[4]

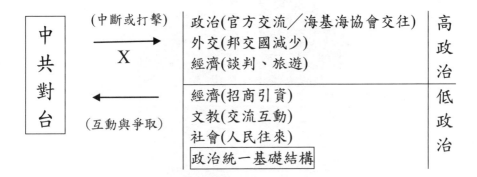

圖1　兩岸互動與政經社可能衝擊

伍、跨界思考與產業合作

面對世界經濟格局不確定性的挑戰，以及來自東亞和兩岸地緣政治變遷與意識形態對立，皆可能對經貿互惠格局產生衝擊和影響。因此，如何在政治變局中找尋經貿互動定位，不僅得規避政治風險和衝擊，也須在政治限制格局中逆勢尋求商業合作機會。尤其是在跨地域和跨產業的合作，透過信任平台的建構與法制規範的有效運作，應有利在日益嚴峻的政治形勢下，尋求新經貿格局。大陸自貿區的發展與特殊政策運作，應有產業合作創新的條件和空間。儘管如此，兩岸產業合作仍須以市場條件為前提，台陸產業強強合作，或台強陸弱合作模式較具機會（參見圖2）。

---

[4] 「中共中央台辦、國務院台辦負責人就當前兩岸關係發表談話」，2016年5月，http://www.gwytb.gov.cn/wyly/201605/t20160520_11463128.htm。

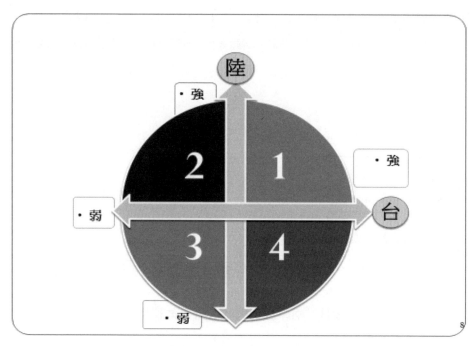

圖2　兩岸經貿合作設想

　　在跨界技術與優勢引用方面，即是策略思考可行路徑。台日經貿實務運作中，台商在環境適應、創新精神、語言文化、成本控制與全球生產網絡連結較具特色；日商在品牌行銷、技術專業、品質管理與創新研發具有優勢。因此，台日商若能相互整合優勢，並結合企業文化與信任關係，將有助於策略聯盟的有效運作與市場之開拓。不過，急遽變遷的大陸與國際市場環境與多元挑戰，台日商合作投資未必有勝出之必然性。如何掌握大陸內需市場結構變遷與消費文化特質、品牌與行銷策略的彈性運用，規避日益升高之法制與社會風險，以及在地化策略的落實，應為當務之急。此外，如何從台日商的「雙贏」策略，建構台日陸商「三贏」格局，亦是大陸與國際市場開拓與永續經營必要的思考（參見圖3）。

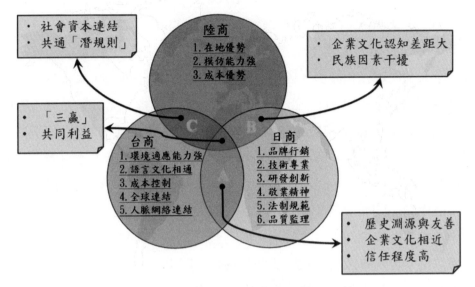

・社會資本連結
・共通「潛規則」

・企業文化認知差距大
・民族因素干擾

陸商
1. 在地優勢
2. 模仿能力強
3. 成本優勢

・「三贏」
・共同利益

台商
1. 環境適應能力強
2. 語言文化相通
3. 成本控制
4. 全球連結
5. 人脈網絡連結

日商
1. 品牌行銷
2. 技術專業
3. 研發創新
4. 敬業精神
5. 法制規範
6. 品質監理

・歷史淵源與友善
・企業文化相近
・信任程度高

圖3　台日陸商大陸市場競合優勢比較

　　基本而言，兩岸產業已由互補轉向競爭，甚至惡性競爭的格局。台商投資仍以獨資為主，合資與合作經營比例相對偏低。此外，市場不公平競爭與法制規範不足，亦使台商發展空間面臨挑戰。在產業結構方面，大陸製造業進步快速，紅色供應鏈替代性增強。在高端技術層面，台商亦非全具優勢，例如環保技術，德國與日本即具世界領先地位，但是台商與日本長期建構的信任平台、引進機制，以及實務經驗即有利於優質技術的援引。例如，「特定產業基金模式」的運用，或是運用「公私協力夥伴」（Public-Private-Partnership, PPP）模式，[5] 即有利於規避官僚腐敗、央企和國企惡性競逐，[6] 並運用市場機制提升資源使用效率，以落實環保政策目標。

---

[5] 參見PPP模式，http://wiki.mbalib.com/zh-tw/PPP%E6%A8%A1%E5%BC%8F。

[6] 據瞭解，台商過去不易參與大陸公共工程建設。相關項目多由國營企業取得，然後國企左手轉右手承包。

　　中共「十三五規劃」與服務業增長的功能性需求，仍對台商投資具吸引力。一方面，台商在服務業發展的專業經驗、管理與服務品質仍具優勢；另一方面，大陸市場經濟發展，仍須仰賴服務業總量與品質的提升，始有利於現代化發展。因此，作為世界第二大經濟體，未來五年仍有6%至8%總量比重之增長，這便提供相當可觀之商機。尤其是台灣優質服務、文創醫療、教育和老年安養，皆具實務經驗與品質，有利於開拓市場。此外，兩岸服務業貿易在未能通過立法的前提下，陸方亦可對部分產業採取片面開放措施，從而有利於兩岸產業合作誘因提升與制度保障。

　　兩岸關係發展出現政黨輪替，其成因固有執政黨施政不力的因素，但兩岸經貿互動資源向大企業傾斜，與利益分配和流動的扭曲、經濟社會剝奪感深化，皆是導致兩岸政治認同的挑戰成因之一。因此，如何跨界調整市場參與和產業合作之結構，進而在年輕世代和中小企業發展，尋求更多元市場參與和獲利空間應有更積極之安排。然而，必須指出的是，年輕世代對市場認知有限，亦不具資本與在地優勢；中小企業在大陸市場歷練、研發、通路與行銷能力不足，皆顯示未來兩岸合作的脆弱性和不可持續性。這便須在政府、企業與社會跨界治理和協作提供更積極的奧援，始有市場參與成功的機會。

　　由於兩岸政治信任基礎脆弱，並存在政治疏離的挑戰，因此執政當局或可透過經貿合作平台與互動之建構鞏固雙方信任基礎。事實上，在民進黨執政經驗與兩岸互動過程中，亦不乏運用「小三通」與春節包機[7]推動兩岸互惠與合作之案例。因此，兩岸自貿區對接的設想，或是將金門劃為和廈門或福州對接之自貿區，亦是可強化雙方合作與互信之平台。儘管當前官方交往之機制已受衝擊，但是兩岸互惠、依存與經貿連結的政治意涵，仍可能在政治認知與形式調整後出現進展，亦是在特定政治條件下，

---

[7]　蔡英文曾表示：陳水扁總統執政期間，蔡於任陸委會主委時期推動「小三通」及兩岸春節包機直航。參見2016年3月28日《中國時報》傅建中文章。

必要的戰略設想與規劃思考。

陸、結語

　　面對東亞地緣政治的不確定性，與潛在衝突升高的可能性，加之大陸經濟下行的「新常態」，皆顯示未來大陸市場參與和產業合作面臨實質挑戰。但是在大陸經濟發展的現實和功能需求，如何透過跨界策略的運用、思考與安排，爭取商業機會和利益分配的最大化，應是值得努力的方向。尤其是經貿合作更應跨越政治局限和僵局，採取逆勢前瞻思維，並有效運用市場契機與有限機會，始能最大程度滿足市場利益的追求和功能性布局。

　　對台商而言，福建不僅地緣鄰近，且具語言與文化優勢，但近二十餘年的台商投資，卻不及珠三角與長三角。其中除思想觀念認知差距外，亦有市場與腹地局限、人才不足、體制僵化與法制保障不足之處。不過，近年福建自貿區對台角色強化、自貿區對外與對台擴大開放，以及經濟實力的提升，皆有助閩台產業合作創造更多元和市場參與的空間。儘管如此，市場現實利益的考量、潛規則的干預，以及利益分配仍主導市場與企業之運作，仍可能在對台政策訴求造成干擾與影響。

　　面對不確定的東亞和兩岸政治新格局，跨越意識形態的藩籬，尋求跨界產業合作，將有利於市場機會的掌握與政策目標之實現。換言之，在產業結構選擇上，台資在服務產業軟體、管理、服務面具優勢和合作可能；在優質技術引進和經驗運用，則具中介平台角色；在對台政策運作上，則有助經濟整合與認同強度的提升。明顯的，在新時期的兩岸互動中，即使有政治矛盾的不確定性，但是經濟槓桿與紐帶仍具功能性的角色與效應。如何因應強化兩岸產業合作機制，並落實配套合作項目與營運條件，以及透過「自貿區」運作的創新思考，期有利於市場利益的分享與信任提升。

參考書目

「十三五規劃綱要」，維基百科，https://zh.wikipedia.org/wiki/%E5%8D%81%E4%B8%89%E4%
　　BA%94%E8%A7%84%E5%88%92（瀏覽日期：2016年3月17日）。

「中共中央台辦、國務院台辦負責人就當前兩岸關係發表談話」，2016年5月，http://www.
　　gwytb.gov.cn/wyly/201605/t20160520_11463128.htm。

「中國（上海）自由貿易試驗區」，維基百科，https://zh.wikipedia.org/wiki/%E4%B8%AD%E
　　5%9B%BD%EF%BC%88%E4%B8%8A%E6%B5%B7%EF%BC%89%E8%87%AA%E7%94
　　%B1%E8%B4%B8%E6%98%93%E8%AF%95%E9%AA%8C%E5%8C%BA（瀏覽日期：
　　2016年3月17日）。

「中國（天津）自由貿易試驗區」，維基百科，https://zh.wikipedia.org/wiki/%E4%B8%AD%E
　　5%9B%BD%EF%BC%88%E5%A4%A9%E6%B4%A5%EF%BC%89%E8%87%AA%E7%9
　　4%B1%E8%B4%B8%E6%98%93%E8%AF%95%E9%AA%8C%E5%8C%BA（瀏覽日期：
　　2016年3月17日）。

「中國（福建）自由貿易試驗區」，維基百科，https://zh.wikipedia.org/wiki/%E4%B8%AD%E
　　5%9B%BD%EF%BC%88%E7%A6%8F%E5%BB%BA%EF%BC%89%E8%87%AA%E7%9
　　4%B1%E8%B4%B8%E6%98%93%E8%AF%95%E9%AA%8C%E5%8C%BA（瀏覽日期：
　　2016年3月17日）。

「中國（廣東）自由貿易試驗區」，維基百科，https://zh.wikipedia.org/wiki/%E4%B8%AD%E
　　5%9B%BD%EF%BC%88%E5%B9%BF%E4%B8%9C%EF%BC%89%E8%87%AA%E7%94
　　%B1%E8%B4%B8%E6%98%93%E8%AF%95%E9%AA%8C%E5%8C%BA（瀏覽日期：
　　2016年3月17日）。

吳福成，「中國大陸『3＋1』自貿區戰略布局」，台經院研究報告。

福建自由貿易試驗區與台灣自由經濟示範區對接合作研究[*]

唐永紅

（商務部海峽兩岸經貿交流協會理事）

趙勝男

（廈門大學台灣研究院經濟研究所

兩岸關係和平發展協同創新中心碩士研究生）

杜慧

（廈門大學台灣研究院經濟研究所

兩岸關係和平發展協同創新中心碩士研究生）

摘要

　　參與國際經貿活動自由化進程中，福建自由貿易試驗區與台灣自由經濟示範區有必要相互開放，對接合作，以減少競爭，協同發展，促進產業分工合作，並可作為兩岸經貿活動自由化與經濟一體化的先行先試區。無論從經濟政策層面還是從兩岸關係層面看，福建自由貿易試驗區與台灣自由經濟示範區對接合作有其一定的條件與可能性。當前，福建自由貿易試驗區與台灣自由經濟示範區可在法規政策、基礎設施、資訊、監管、產業等多個層面進行對接合作，以形成競合發展與協同發展態勢。

關鍵詞：對接合作、協同發展、福建自由貿易試驗區、台灣自由經濟示範區

---

* 基金項目：教育部人文社會科學重點研究基地重大項目，項目批准號：15JJD810004。教育部人文社會科學重點研究基地重大項目，項目批准號：13JJD810011。國家社會科學基金重大項目，項目批准號：13&ZD052。

壹、前言

　　自由經貿區指的是一個經濟體內部的特定地區（或者整個經濟體），這一特定地區（或者這一經濟體）相對於經濟體的其他地區（或者相對於其他經濟體）實行更加開放、更加自由、更加便利的特殊經貿政策措施。當前，經濟全球化與經貿活動自由化不斷深化發展，已超越貨物貿易自由化，進入到服務貿易自由化、產業投資自由化、金融活動自由化等更廣闊的領域。全球範圍內的商品與要素流動自由化，既帶來全球範圍內更多的合作與發展機會，也帶來全球範圍內更大的競爭與風險挑戰。為順應經濟全球化和經貿活動自由化的發展趨勢，並更加因應這一發展趨勢帶來的機會與挑戰，各國家或各地區經濟體在區域層面（FTA等）和全球層面（WTO等），以整個經濟體參與一定程度的經貿活動自由化的同時，紛紛推出單邊自主的自由經貿區發展戰略，在有條件的局部區域先行先試較高程度的經貿活動自由化。[1]

　　在此情形下，為進一步推進改革、開放、發展，中國大陸於2013年啟動「自由貿易試驗區」戰略，「使之成為推進改革和提高開放型經濟水準的『試驗田』，形成可複製、可推廣的經驗，發揮示範帶動、服務全國的積極作用，促進各地區共同發展」。[2] 根據中國大陸關於目前的四個自由貿易試驗區的戰略定位，只有《中國（福建）自由貿易試驗區總體方案》

---

[1] 唐永紅，「經濟全球化、WTO與世界特殊經濟區發展研究」，WTO與中國經濟（第二卷）（張漢林主編）（北京：中國環境科學出版社，2005），頁360-366；唐永紅，「廈門經濟特區建設自由經貿區問題研究」，台灣研究集刊，2013年第1期，頁38-46；鄧力平、唐永紅，經濟全球化、WTO與中國特殊經濟區再發展（廈門：廈門大學出版社，2003）；李力，世界自由貿易區研究（北京：改革出版社，1996）。

[2] 國務院，《中國（上海）自由貿易試驗區總體方案》，http://www.gov.cn/zwgk/2013-09/27/content_2496147.htm，2013年9月27日。

在自貿試驗區的戰略定位中，明確要求「充分發揮對台優勢，率先推進與台灣地區投資貿易自由化進程，把自貿試驗區建設成為深化兩岸經濟合作的示範區」，並專列「率先推進與台灣地區投資貿易自由」篇章。[3] 與此同時，台灣當局為了減輕經濟被邊緣化的危險，促進產業投資與創新，為經濟發展注入新動能，近年來積極推進「自由經濟示範區」規劃建設，以先行先試的路徑改革制度、增強體質、接軌國際，並最終在全台灣建成「自由經濟島」。[4] 順應與因應國際經貿活動自由化深化發展趨勢，閩台兩地各自設立自由經貿區，實施更加自由化與便利化的政策措施，將會形成一定的競爭態勢。但與此同時，閩台自由經貿區若能相互開放、對接，則又可形成一定的合作空間與機會，實現競合發展與協同發展，並有助於推進在兩岸整體層面透過ECFA及其後續協議所啟動的兩岸經貿活動自由化進程。

---

[3] 國務院，《中國（福建）自由貿易試驗區總體方案》，http://www.gov.cn/zhengce/content/2015-04/20/content_9633.htm，2015年4月20日。

[4] 台灣「行政院」，《自由經濟示範區特別條例草案總說明》，http://www.fepz.org.tw/Upload/Plan_FILE/1021226%E3%80%8C%E8%87%AA%E7%94%B1%E7%B6%93%E6%BF%9F%E7%A4%BA%E7%AF%84%E5%8D%80%E7%89%B9%E5%88%A5%E6%A2%9D%E4%BE%8B%E3%80%8D%E8%8D%89%E6%A1%88（%E8%A1%8C%E6%94%BF%E9%99%A2%E9%80%81%E7%AB%8B%E6%B3%95%E9%99%A2%E5%AF%A9%E8%AD%B0%E7%89%88%EF%BC%89.pdf，2013年12月；台灣「行政院」，《自由經濟示範區規劃方案（核定本）》，http://www.fepz.org.tw/Upload/Plan_FILE/103.01.29%E8%87%AA%E7%94%B1%E7%B6%93%E6%BF%9F%E7%A4%BA%E7%AF%84%E5%8D%80%E8%A6%8F%E5%8A%83%E6%96%B9%E6%A1%88（%E4%BF%AE%E6%AD%A3%E6%A1%88）%E6%A0%B8%E5%AE%9A%E6%9C%AC.pdf，2014年1月；台灣「行政院」，《自由經濟示範區第一階段推動計劃（核定本）》，http://www.fepz.org.tw/Upload/Plan_FILE/%E8%A1%8C%E6%94%BF%E9%99%A2%E6%A0%B8%E5%AE%9A%E4%BF%AE%E6%AD%A3%E4%B9%8B%E3%80%8C%E8%87%AA%E7%94%B1%E7%B6%93%E6%BF%9F%E7%A4%BA%E7%AF%84%E5%8D%80%E7%AC%AC%E4%B8%80%E9%9A%8E%E6%AE%B5%E6%8E%A8%E5%8B%95%E8%A8%88%E7%95%AB%E3%80%8D.pdf，2014年2月。

　　本文探討福建自由貿易試驗區與台灣自由經濟示範區對接合作的意義
與作用、條件與可能性、內容與措施，以有助於推進福建自由貿易試驗區
與台灣自由經濟示範區的對接合作與協同發展。

貳、兩區對接合作的意義與作用

　　海峽兩岸在建設各自的自由經貿區的同時，推進福建自由貿易試驗區
與台灣自由經濟示範區對接合作，具有重大的意義與作用。

一、可作為兩岸經貿活動自由化與經濟一體化先行先試區

　　當前兩岸政治關係上存在結構性矛盾，兩岸在政治、經濟、文化（社
會）等各個層面的差異性較大，兩岸之間的猜忌與誤解多而互信與共識
少。這些必將對兩岸整體層面的制度化合作交流的步伐，包括透過ECFA
及其後續協議推進的兩岸經貿活動自由化與一體化，形成相當程度的制
約，兩岸服務貿易協定在台灣受阻就是典型例證。

　　因此，兩岸需要彼此磨合與相互適應。一個可行途徑與方式，就是在
兩岸整體層面透過ECFA及其後續協定推進一定程度的兩岸經貿活動自由
化與一體化的同時，在有條件的兩岸次區域層面先行先試較高程度的兩岸
經貿活動自由化與一體化，為將來兩岸在整體層面推進這種較高程度的經
貿活動自由化與一體化探索經驗，累積互信，奠定基礎，提供動力。

　　事實上，隨著經濟全球化與經貿活動自由化的深化發展，當兩岸各自
推進對外經貿活動自由化，當ECFA及其後續協議啟動兩岸經貿活動正常
化、自由化與一體化之際，在適當區域建設單邊自主的自由經貿區，先行
先試較高程度的經貿活動自由化與一體化，將暫時無條件或無法在兩岸整
體層面推進的兩岸經貿活動自由化政策措施（包括貨物貿易自由化、服務
貿易自由化、產業投資自由化、金融活動自由化）放在兩岸自由經貿區先

行先試，將是兩岸必然的選擇。

因此，閩台自由經貿區對接合作，可以作為兩岸經貿活動自由化與經濟一體化的先行先試區域，為兩岸經貿活動自由化與經濟一體化探索經驗，累積互信，奠定基礎與提供動力，從而有助於兩岸整體層面之間經貿活動自由化與經濟一體化進程的順利推進。

二、有助於促進閩台自由經貿區間產業分工合作與協同發展

眾所周知，政策開放是經濟合作的前提，開放為合作提供機會與空間。兩岸產業分工合作與協同發展至今未能有效形成，主要原因就在於兩岸雙方特別是台灣當局產業投資准入政策由於互信不足、自信脆弱、害怕競爭等因素，至今沒有全面開放。

當前，兩岸設立自由經貿區，以更加開放、更加自由、更加便利的特殊經貿政策措施來刺激產業經濟發展。如果閩台自由經貿區可相互開放，將更加開放、更加自由、更加便利的政策措施給予對方，兩岸各方的企業有機會進入對方的自由經貿區進行生產、經營，自由經貿區內的兩岸產業合作發展就有了機會與空間。

與此同時，兩岸同時以經貿活動自由化與便利化政策措施刺激產業經濟發展，必將引致競爭。閩台自由經貿區相互開放產業投資活動，有助於市場機制發揮產業對接合作的作用，以減少競爭，協同發展。

此外，如果兩岸當局願意推動閩台自由經貿區的產業規劃對接、產業政策協調等事項，則可以進一步透過兩岸公權力作用減少兩岸自由經貿區的重複投資與過度競爭，並推進自由經貿區內兩岸產業對接合作與協同發展。

總之，如果兩岸自由經貿區行政當局願意積極建立彼此的產業投資准入政策開放機制、產業規劃對接機制、產業政策協調機制，攜手合作，充分發揮「看得見的手」與「看不見的手」的作用，減少重複投資與過度競

爭，可以引導和促進自由經貿區內兩岸產業對接合作與整合發展。

三、有助於閩台自由經貿區的自身建設與發展

設立自由經貿區，在貨物貿易自由化、服務貿易自由化、產業投資自由化、金融活動自由化等方面先行先試，可以吸引內資與外資進入自由經貿區投資、經營，有助於促進自由經貿區產業經濟結構調整與有關產業發展，特別是有助於先進製造業與現代服務業的發展，進而有助於自由經貿區的自身建設與發展。

當前，閩台同時設立自由經貿區，如同時將自己在自由經貿區內實行的經貿活動自由化與便利化政策措施開放給對方，將有助於對方商品與要素進入自由經貿區，從而有助於自由經貿區內貿易、投資的發展，以及自由經貿區有關產業的發展與產業結構調整。

例如，彼此開放貨物貿易政策，推進貨物貿易自由化，將有助於彼此做大貿易量，進而帶動與貿易相關產業（企業）的發展，相關生產業、物流業、金融業、會展業因貿易規模的成長而引致成長。又如，彼此開放產業投資政策，有助於對方產業資本進入己方投資興業，並與在地產業合作發展，從而有助於推動經濟成長，提升就業與薪資水準。再如，彼此開放金融活動自由化政策，將有助於兩岸兩區金融業合作發展。

此外，閩台自由經貿區若能在智慧財產權保護和使用法規政策、社會保障政策、競爭政策、檢驗檢疫政策、海關監管政策、金融監管政策等與經貿活動相關的政策措施方面進行對接合作；若能在物流管理資訊、檢測維修資訊、檢疫檢驗資訊、關務行政資訊、客戶管理資訊、醫療資訊等與經貿活動相關的資訊方面進行對接合作；若能在港口設施、通訊設施、航線配置等與經貿活動相關的基礎實施方面進行對接合作；若能在海關監管、投資監管、金融監管等與經貿活動相關的監管措施進行對接合作，則無疑有助於兩岸產業（企業）在自由經貿區內對接合作，有助於閩台各自

的自由經貿區的建設與發展。

參、福建自由貿易試驗區與台灣自由經濟示範區對接合作的條件與可能性

　　無論從經貿政策層面還是從兩岸關係層面看，福建自由貿易試驗區與台灣自由經濟示範區對接合作都有其現實的可能性。

一、經濟政策層面的條件與可能性

　　面對國際經貿活動自由化深化發展的趨勢，當前兩岸都必須推進經貿活動自由化。為了趨利避害，兩岸除了在全球多邊層面（WTO）、區域多邊或雙層面（FTA）推行一定程度的自由化外，也都採取了在單邊自主層面以自由經貿區模式先行先試更高程度自由化的梯度推進作法，這為兩岸自由經貿區對接合作與兩岸次區域合作發展提供了可能。

　　從中國大陸方面看，當前，中國大陸正面臨較大的經濟下行壓力，傳統比較優勢產業遭遇新的挑戰，改革正步入「深水區」。在此情形下，大陸「自由貿易試驗區」所在地區作為外向型經濟發展程度十分高的地區，其經濟增長方式和經濟發展空間面臨巨大挑戰，迫切需要透過建設自由經貿區來推動新一輪的改革開放。

　　從台灣地區方面看，自2009年以來，以美國為主導的跨太平洋夥伴關係協議（TPP）日益成為亞太地區經濟一體化的重要形式，中日韓自由貿易區、區域全面經濟夥伴關係協定（RCEP）等也在加快推動。台灣由此面臨經濟被邊緣化的危險，以及按照TPP標準實施自由化而帶來巨大衝擊的嚴峻挑戰。近年來，「悶經濟」一直困擾著台灣，主要體現在出口低迷、內需不振、投資不足等方面。台灣作為一個外向型經濟體，2013年全年累計出口3,032.2億美元，同比僅微增0.7%。在此內外環境下，台灣的

馬英九政府希望通過設立「自由經濟示範區」，一方面透過進一步的開放為經濟成長注入新動能，另一方面透過開放引入競爭以「強身健體」並積累經濟自由化經驗，為參與更多區域經濟整合創造條件。

　　與此同時，鑑於其大陸經貿政策的敏感性，台灣當局也期望借助「自由經濟示範區」先行先試。「自由經濟示範區」作為台灣的「經濟特區」，對大陸先行先試更加開放、自由和便利的經貿政策措施，將可能與大陸的自由經貿區進行對接，從而擴大兩岸經濟合作。2013年3月27日，台灣「經建會主委」管中閔表示，「自由經濟示範區」未來可以與大陸的自由經貿區進行產業合作，力求將台灣「自由經濟示範區」打造成為吸引跨國企業前來投資的區域經濟整合平台。

　　特別是，台灣「自由經濟示範區」的經濟腹地普遍遜色於大陸「自由貿易試驗區」，推動台灣「自由經濟示範區」與大陸「自由貿易試驗區」開展緊密對接合作，打通兩岸自由經貿區的人流（遊客及人才）、金流、物流、資訊流，能有效刺激台灣「自由經濟示範區」所在地區實現轉型發展，進而有助於改變台灣「自由經濟示範區」所在地區及台灣經濟發展面臨的「悶經濟」困境。同時，更可使台灣「自由經濟示範區」透過大陸「自由貿易試驗區」將其經濟腹地延伸至大陸內地，從而將大陸「自由貿易試驗區」作為台資企業深入大陸市場的跳板。

二、兩岸關係層面的條件與可能性

　　從經濟層面看，台灣是一個缺乏資源與腹地的淺碟性經濟體，需要與自己的主要經貿夥伴特別是經濟全球化的中心保持自由化與便利化的有效連接，以便較好地開展全球化運作。近三十年來，中國大陸逐步成長成為世界經濟發展的一個增長點，乃至經濟全球化的一個中心（特別是繼成為「世界工廠」之後又成為「世界市場」），更是台灣經濟體的第一大經貿夥伴。在此背景下，與中國大陸實現經貿活動自由化與便利化的有效

連接，進行整合發展，從而進入經濟全球化的中心，改善自身經濟發展環境，是台灣經濟發展的必要選擇。

　　然而，在兩岸關係互信脆弱、台灣政治經濟生態複雜多元的背景下，無論是透過ECFA及其後續協議，還是透過單方面的大陸政策鬆綁，想從台灣整體層面推進與中國大陸的經貿活動自由化與便利化，以進行兩岸整合發展，一直以來都困難重重並窒礙難行。在此背景下，無論藍綠執政，借鑑國際經濟發展經驗，以「兩條腿走路」的方式來推進兩岸經貿活動自由化與一體化，就成為必然且必要的選擇。所謂「兩條腿走路」，即在兩岸整體層面透過ECFA及其後續協定，推進一定程度的兩岸經貿活動自由化與一體化的同時，在有條件的兩岸次區域層面先行先試較高程度的兩岸經貿活動自由化與一體化，為將來兩岸在整體層面推進這種較高程度的經貿活動自由化與一體化探索經驗，累積互信，奠定基礎與提供動力。後者即所謂兩岸自由經貿區對接合作方式。

　　在兩岸關係互信脆弱、台灣政治經濟生態複雜多元的背景下，無論藍綠執政，以自由經貿區對接合作的方式，推進兩岸經貿活動自由化與一體化進程，將是必然且必要的選擇。特別是綠營執政下，如果台灣的民進黨與大陸的共產黨沒有形成體現兩岸同屬一個國家，類似「九二共識」的「民共共識」，預期以ECFA及其後續協議對整體層面推進的兩岸經貿活動自由化與一體化進程將停止（一方面，中國大陸不得不停止執行ECFA及其後續協議，以對民進黨執政當局進行必要的反制；另一方面，民進黨當局因擔心兩岸經濟一體化發展將不利於台灣主體性和獨立，而可能不願意繼續推進兩岸經濟一體化發展），以自由經貿區對接合作方式推行兩岸經貿活動自由化與一體化進程將可能是唯一的路徑與模式。

　　事實上，鑑於兩岸自由經貿區對接合作有助於區域經濟發展，因此綠營執政也不會關閉掉這一路徑。相反，為求執政成效以鞏固執政並繼續執政，綠營執政當局很可能會優先讓綠營執政縣市下的「自由經濟示範區」

與大陸的「自由貿易試驗區」對接合作。

肆、兩區對接合作的內容與措施

為減少競爭，並有助於協同發展，福建自由貿易試驗區與台灣自由經濟示範區宜在法規政策、基礎設施、資訊、監管、產業等多個層面進行對接合作。

一、法規政策對接合作

這又涉及多個面向的法規政策對接合作，主要是經貿活動自由化與便利化政策的對接合作，以及經貿活動相關政策的對接合作。

（一）經貿活動自由化與便利化政策的對接合作

包括貨物貿易政策、服務貿易政策、產業投資政策、金融活動政策，兩岸需要相互將自由化與便利化政策措施開放給對方。相互開放是合作的前提，開放為合作提供可能與空間，沒有開放將難有合作，開放也有助於自身發展。具體政策開放方面，一方面，兩岸可以將ECFA及其後續協議將要推進的自由化與便利化政策措施，率先在各自的自由經貿區中開放給對方，從而推進兩岸貿易自由化與便利化；與此同時，兩岸可在各自的自由經貿區中以「負面清單」的方式開放絕大多數行業的投資准入，從而推進兩岸投資自由化與便利化；此外，兩岸還可在各自的自由經貿區中開放外資銀行、保險、證券等金融業，從而推進兩岸金融活動自由化與便利化。當然，放寬投資、經營領域的同時，還要降低進入的門檻條件。

（二）經貿活動相關政策的對接合作

除了上述經貿活動自由化與便利化政策方面，兩岸還需要推進與經貿

活動相關的政策對接合作，包括智慧財產權保護和使用法規政策、社會保障政策、競爭政策、檢驗檢疫政策、海關監管政策、金融監管政策等的對接合作。這些與經貿活動相關政策的對接合作，可改進在兩岸進行投資、經營的便利性與公平性，既有助於增強投資人投資自由經貿區的意願，也有助於兩岸產業資本在自由經貿區中投資合作。

二、基礎設施對接合作

基礎設施對接合作是福建自由貿易試驗區與台灣自由經濟示範區對接合作的另一方面，包括港口設施、通訊設施、航線配置等等。

首先，應加強和完善福建自由貿易試驗區與台灣自由經濟示範區之間的海、陸、空物流通道的無縫對接。近期可推動福建自由貿易試驗區與台灣自由經濟示範區建設「點對點合作」兩岸物流快運管道。

其次，應進一步加強閩台自由經貿區在集裝箱、散雜貨、客運藝裝等領域的港航業務合作，共同經營閩台自由經貿區之間的航線，合作開關經營集裝箱班輪航線，實現閩台自由經貿區的船務公司艙位互換與共享。

再者，應進一步完善閩台自由經貿區海空港口等基礎設施，形成完善的國際航線、國際分撥、國際物流和國際進出口貿易功能。

最後，還應進一步完善閩台自由經貿區港口、航線的通訊設施，並進行對接。

三、資訊對接合作

資訊對接合作旨在解決資訊不對稱，實現資訊共享。這既是經貿活動順暢開展的一個重要條件，也是共同市場的一個重要內容，包括物流管理資訊互通、檢測維修資訊互通、檢疫檢驗資訊互通、關務行政資訊互通、客戶管理資訊合作、醫療資訊合作等等。

其一，可推動福建自由貿易試驗區與台灣自由經濟示範區在海關、港

口、物流等方面開展雲計算管理平台技術及交流合作，共同建設「關港貿」一體化資訊平台。

其二，可推動福建自由貿易試驗區與台灣自由經濟示範區合作設立商品標準檢測機構，進行產品相互檢測認證合作，建設對經閩台自由經貿區輸出的商品進行進口檢驗認證的集中協辦平台。

其三，應進一步推動福建自由貿易試驗區與台灣自由經濟示範區開展實質性的業務溝通，建立適合兩區合作的物流管理、檢驗檢疫、退稅、跨境支付等支撐體系等。

其四，透過在自由經貿區內加快建設跨境電子商務產業園，以及搭建兩岸「資訊互換、監管互認、執法互助」的「關港貿」一體化資訊對接平台，推動福建自由貿易試驗區與台灣自由經濟示範區開展跨境電子商務進出口業務和公共服務資訊平台對接。

四、監管對接合作

商品、要素、人員在兩岸自由經貿區之間的流動，或多或少涉及行政當局的必要監管問題。監管合作是提升監管效率的重要方式，自由經貿區涉及多方面的監管問題，包括海關監管、投資監管、金融監管等等。

首先，可建立閩台自由經貿區（海運）進出境快件監管中心，努力探索閩台自由經貿區物流對接的管理模式。推動閩台自由經貿區的相關港區洽談建立合作通關制度，探索通關合作模式，進一步健全閩台自由經貿區的商務、海關、檢驗檢疫、稅務、金融、港務等部門聯繫機制，探索「虛擬海關」與「實體海關」相結合的管理體制和模式，提高物流效率，降低物流成本，為閩台自由經貿區經貿合作提供便捷服務。

其次，應建立閩台自由經貿區所屬金融監管當局的交流磋商機制，增進雙方的相互信任，對閩台自由經貿區金融監管合作中的管轄邊界、協調組織框架、合作機制及其雙方的責任與權力方面的法律法規做出安排，及

時調整和處理兩岸自由經貿區金融監管合作中的法律衝突。另外，應盡快建立和完善閩台自由經貿區的金融監管的資訊交流與交換平台，從而實現閩台自由經貿區金融監管的資源分享。

再者，應建構起閩台自由經貿區對接合作項目的投資監管體系，主要包括：投資責任追究制度、投資管理分工機制、重大對接合作項目的稽查制度、對接合作項目事後評價制度、對接合作項目的社會監督機制。

五、產業對接合作

自由經貿區就是要以更加開放、自由、便利的特殊經貿政策措施來刺激產業經濟發展。閩台同時以經貿活動自由化政策措施刺激產業經濟發展，必將引致競爭。為減少競爭，協同發展，閩台自由經貿區首先宜相互開放產業投資活動，以便市場機制發揮產業對接合作的作用，進而，可以推動產業規劃對接、產業政策協調等事項。也就是說，兩岸應在閩台自由經貿區積極建立彼此之間的產業投資准入政策開放機制、產業規劃對接機制、產業政策協調機制，攜手合作，充分發揮「看得見的手」的作用，以引導和促進閩台自由經貿區產業對接合作與整合發展。

伍、結語

為因應國際經濟活動自由化深化發展的趨勢與要求、機會與挑戰，並為自身經濟持續發展提供新動能，海峽兩岸都將建設自由經貿區提上了議事日程。在參與國際經貿活動自由化進程中，福建自由貿易試驗區與台灣自由經濟示範區不可避免地將形成一定的競爭態勢。因此，福建自由貿易試驗區與台灣自由經濟示範區有必要相互開放，對接合作，以便有助於減小競爭、協同發展，有助於促進產業分工合作。福建自由貿易試驗區與台灣自由經濟示範區在相互開放與對接合作的基礎上，還可作為兩岸經貿活

動自由化與經濟一體化的先行先試區，為ECFA及其後續協議將要在兩岸整體層面推進的經貿活動自由化探索經驗、累積互信、奠定基礎、提供動力。事實上，無論從經濟政策層面還是從兩岸關係層面看，福建自由貿易試驗區與台灣自由經濟示範區對接合作有其一定的條件與可能性。當前，福建自由貿易試驗區與台灣自由經濟示範區可以在法規政策、基礎設施、資訊、監管、產業等多個層面進行對接合作，以形成競合發展與協同發展態勢。

參考書目

台灣「行政院」，《自由經濟示範區特別條例草案總說明》，http://www.fepz.org.tw/Upload/
　　Plan_FILE/1021226%E3%80%8C%E8%87%AA%E7%94%B1%E7%B6%93%E6%BF%9F%
　　E7%A4%BA%E7%AF%84%E5%8D%80%E7%89%B9%E5%88%A5%E6%A2%9D%E4%B
　　E%8B%E3%80%8D%E8%8D%89%E6%A1%88（%E8%A1%8C%E6%94%BF%E9%99%A2
　　%E9%80%81%E7%AB%8B%E6%B3%95%E9%99%A2%E5%AF%A9%E8%AD%B0%E7%
　　89%88%EF%BC%89.pdf，2013年12月。

台灣「行政院」，《自由經濟示範區第一階段推動計劃（核定本）》，http://www.fepz.org.tw/
　　Upload/Plan_FILE/%E8%A1%8C%E6%94%BF%E9%99%A2%E6%A0%B8%E5%AE%9A%
　　E4%BF%AE%E6%AD%A3%E4%B9%8B%E3%80%8C%E8%87%AA%E7%94%B1%E7%B
　　6%93%E6%BF%9F%E7%A4%BA%E7%AF%84%E5%8D%80%E7%AC%AC%E4%B8%80
　　%E9%9A%8E%E6%AE%B5%E6%8E%A8%E5%8B%95%E8%A8%88%E7%95%AB%E3%8
　　0%8D.pdf，2014年2月。

台灣「行政院」，《自由經濟示範區規劃方案（核定本）》，http://www.fepz.org.tw/Upload/
　　Plan_FILE/103.01.29%E8%87%AA%E7%94%B1%E7%B6%93%E6%BF%9F%E7%A4%BA
　　%E7%AF%84%E5%8D%80%E8%A6%8F%E5%8A%83%E6%96%B9%E6%A1%88（%E4
　　%BF%AE%E6%AD%A3%E6%A1%88）%E6%A0%B8%E5%AE%9A%E6%9C%AC.pdf，
　　2014年1月。

李力，世界自由貿易區研究（北京：改革出版社，1996）。

唐永紅，「廈門經濟特區建設自由經貿區問題研究」，台灣研究集刊，2013年第1期，頁38-
　　46。

唐永紅，「經濟全球化、WTO與世界特殊經濟區發展研究」，WTO與中國經濟（第二卷）（張
　　漢林主編）（北京：中國環境科學出版社，2005），頁360-366。

國務院，《中國（上海）自由貿易試驗區總體方案》，http://www.gov.cn/zwgk/2013-09/27/
　　content_2496147.htm，2013年9月27日。

國務院，《中國（福建）自由貿易試驗區總體方案》，http://www.gov.cn/zhengce/
content/2015-04/20/content_9633.htm，2015年4月20日。

鄧力平、唐永紅，經濟全球化、WTO與中國特殊經濟區再發展（廈門：廈門大學出版社，
2003）。

深化海峽兩岸金融合作的實現路徑探析
——「海上絲綢之路」與中國（福建）自貿區背景下的思考

朱興婷

（浙江大學寧波理工學院講師）

廖中武

（福建省委黨校福建行政學院閩台關係研究中心副教授）

摘要

　　2008年以來，海峽兩岸經貿合作的迅速增長，有力推動了兩岸金融市場合作的發展。目前，兩岸金融合作尚處合作的初級階段，存在諸多發展問題。在21世紀「海上絲綢之路」建設的背景下，為把握住新的發展機遇，本文在對兩岸金融合作面臨問題進行闡述的基礎上，結合福建省自貿區與「海上絲綢之路」建設中的機遇與挑戰，對進一步深化合作的實現路徑進行探析。

關鍵詞：新海上絲綢之路、中國（福建）自貿區、海峽兩岸、金融合作、實現路徑

壹、前言

　　2008年以來，兩岸關係邁入和平發展新階段，兩岸金融合作隨之步入快速發展軌道。兩岸在通匯通兌、結算清算、機構互設等方面，取得明顯進展，金融交易額由2010年的4,416億美元增長至2014年的6,876億美元，台灣島內人民幣存款達3,246億元，已成為第二大人民幣離岸市場。[1] 儘管兩岸金融合作成績顯著，但是隨著合作的不斷深入，兩岸間政治關係、經濟體制差異對合作的制約日益顯著，現今兩岸金融合作面對諸多發展困境。特別是2013年《兩岸服務貿易協定》在台灣未能通過，使得兩岸金融合作在「深水區」中步履維艱。

　　在全球經濟復蘇乏力的境況下，習近平主席提出「海上絲綢之路」發展戰略，力圖透過強化與沿線經濟體的互通與合作，助推經濟轉型升級並實現可持續發展。此一戰略的實施，勢必帶來多種產業的發展，由此引發大量的投融資需求，拓寬沿線金融機構的發展空間。兩岸金融發展具有很強的互補性，積極融入「海上絲綢之路」建設，持續深化合作，共同構建策略聯盟，將會取得長足發展。

　　在兩岸關係發展方面，福建省一直都發揮著前沿平台的重要作用。為持續推動兩岸經貿往來，2015年4月21日，以「對台」工作為重任的福建省自貿區掛牌成立。另外，福建省作為古代海上絲綢之路的重要起點，在「海上絲綢之路」戰略規劃中，已被明確定位為「海絲」建設核心區，並被賦予多項先試先行的惠台金融舉措。在此背景下，建設福建省為兩岸金融合作實驗區，將為突破兩岸金融合作困境帶來新契機。

　　為把握「海上絲綢之路」戰略下深化兩岸金融合作所面對的新機遇，

---

[1] 「台灣兆豐金控董事長蔡友才：兩岸金融合作更上層樓」，中國經濟網，http://finance.ce.cn/rolling/201504/23/t20150423_5187899.shtml，2015年4月23日。

本文在對兩岸金融合作面臨主要問題進行探索的基礎上，結合福建省自貿區及「海上絲綢之路」建設中所面對的機遇與挑戰，對深化兩岸金融合作的實現路徑進行了探析。

貳、兩岸金融合作面臨的主要問題

儘管隨著兩岸關係的改善，兩岸金融合作已經取得顯著進展，但是，由於政治因素、經濟與金融制度差異等因素的制約，目前仍處合作的初級階段，面對諸多發展問題。

一、囿於政治關係制約，合作呈現明顯不對等

敏感的政治關係是阻礙兩岸金融合作發展的關鍵。特別是，台灣當局出於政治安全的考量，擔心合作過密會導致島內經濟對大陸產生嚴重依賴，因而在兩岸金融合作方面，對大陸設置一系列政策性障礙，使得兩岸金融合作呈現出大陸對台灣多讓利的不對等特點。

早在1994年大陸便允許台灣金融機構在大陸設立分支機構和營業機構，而台灣當局則堅持「政治優先」和「安全至上」的原則，對兩岸金融往來實施嚴格管制。在加入WTO之後，大陸依據加入WTO的承諾，對台灣金融機構逐步開放，對台灣做出的開放承諾已經超過WTO框架下對外資的承諾。反觀台灣當局並未按照WTO規則對大陸做到平等互惠。2010年兩岸在簽署的ECFA中明確早收階段金融業的具體開放措施，相較大陸開放的六項，台灣僅僅開放銀行業一項，並且有著嚴格限制。另外，在2013年兩岸簽署的《海峽兩岸服務貿易協定》中，雙方承諾開放服務業市場。大陸對台開放總計80項，其中金融對台開放15項；台灣對大陸開放總計64項，其中金融僅有九項，兩岸金融合作的不對等性由此可見一斑。

二、金融合作滯後於經貿合作，對實體經濟支援不足

　　2008年以來兩岸貿易呈不斷增加的態勢，貿易總值由2008年的1,292.1億美元連續增加至2014年的1,983.1億美元，對台逆差達到1,057.7億美元。[2] 伴隨著兩岸貿易的增加，島內人民幣存款不斷增加。據海基會統計，截至2014年底，台灣島內人民幣存款已突破3,000億，兩岸貨幣清算金額達到3.9萬億人民幣，已成為全球第二大人民幣境外清算中心。但是，與此同時，大陸引入台資的占比從2012年以來卻不斷下降。2008年大陸引入台資占比為1.8%，此一比例在連續漲至2012年的2.2%之後，續降至2014年的1.7%。由此可見，相對於兩岸經貿合作，兩岸金融合作明顯滯後，對實體經濟支援不足。

　　兩岸金融合作的滯後性，一方面歸因於金融業的敏感性與複雜性，在國際金融危機過後，兩岸當局對於金融合作均持審慎態度，合作內容多侷限於金融市場的開放與准入，鮮有涉及資本市場。另外，兩岸金融體制的差異，也在一定程度上制約兩岸金融市場的相互開放。與台灣相比，大陸金融體系計劃經濟色彩濃厚，自由化與國際化程度較低。目前，大陸金融市場雖然已逐步實現對台開放，但在准入方面仍存在較強管制。在銀行業開放方面，大陸《外資金融機構管理條例》規定，申請者前一年總資產不少於200億美元，並在境內設立代表機構兩年以上。台資銀行數量多、規模小，達到標準的家數不多；保險業方面，大陸《外資保險公司管理條例》規定，外資保險公司其母公司的資產必須達到50億美元以上，在大陸設立辦事處的時間一定要兩年以上，同時還規定在原地區這家公司本身業務的經營時間也要三十年以上，這樣苛刻的條件對台灣保險業而言門檻偏高；證券業方面，大陸對外資證券業准入條件是需雙方金融監管當局簽署備忘錄，並且維持台資金融機構在證券業投資比率、經營業務範圍與保險

---

[2]　資料來源：《2009-2015年中國統計年鑑》。

業大陸參股50%的限制，以致達標機構不多，合作進展緩慢。

三、技術標準不同與金融法規缺失，制約兩岸金融合作的有效對接

　　金融業務的統一管理，有賴於一整套規範、通用的制度與標準。由於受到敏感政治關係的制約，兩岸金融業務長期處於隔離狀態，二者在機構分類、業務名稱、統計口徑、金融法規、監管準則與技術人員資格認定等方面存在顯著標準差異，這種差異使得二者在資訊傳遞與業務合作等方面存在一系列困難與不便，並帶來組織管理不協調等問題，嚴重制約兩岸金融合作的深度對接。這種不便利，比較突出的表現在兩岸技術人員資格認定方面。兩岸金融業從業人員的證照考試以及認證機制至今尚未達成一致性標準，以致在台灣已經取得專業證照的金融界人士，來到大陸工作需要重新加考。這不僅造成工作壓力與學習負擔，也帶來時間與證照考試費用的雙重浪費，降低來陸就業的積極性。因此，助推兩岸金融合作，需要建立一套統一的技術標準。

　　另外，兩岸在金融合作方面專項立法缺失。一般情況下，兩個經濟體在連接「全球銀行間金融電信協會系統（SWIFT）」之後，只要簽署貨幣清算協議並確定兌換匯率即可進行清算。2012年兩岸貨幣管理機構簽署《海峽兩岸貨幣清算合作備忘錄》（MOU），但是並未對人民幣與新台幣之間的匯率兌換進行詳細規定。大陸實行的是有管理的浮動匯率制，台灣實行的是完全浮動匯率制，由於貨幣兌換立法的缺失，目前兩岸間貿易結算仍需借用美元來實現，不僅要承擔巨額的手續費而且還要承擔匯率風險，大大提高合作成本。隨著兩岸經貿往來日益頻繁，直接使用人民幣結算，可節省大量匯兌成本，提高整體獲利。有鑑於此，深化兩岸金融合作，亟需建立起一套全面性的貨幣清算與匯兌機制。

四、金融監管體制不同，阻礙兩岸金融合作效率的提升

金融監管體制方面，兩岸存在明顯不同。大陸採取的是分業經營、分業監管的「一行三會」體系，台灣採取的則是統一監管體系。針對金融監管體制的差異，目前兩岸尚未建立起正式的溝通管道，對兩岸金融合作效率的提升形成障礙。

大陸「一行三會」的分業監管模式，對各行各會的業務範圍均有嚴格管制。央行主要負責制定執行貨幣政策，對貨幣市場、外匯市場進行監管；銀監會負責統一監管銀行、資產管理公司、信託投資公司及其他存款類金融機構；證監會對證券期貨市場實行統一監管；保監會統一監督管理保險市場。與之相對，台灣金融「分業管理，集中檢查」的一元監管體制，主要是由金管會負責進行統一監管。「金管會」作為監管的一元化主管機關，下設銀行局、證券期貨局和保險局，分別對銀行業、證券業、保險業進行監管。兩岸金融監管制度的不同，對跨境金融業務進行監管時，容易出現「多頭監管」、「責任不明」與「監管真空」等問題，甚至會造成重大損失。因此，推進兩岸金融合作，兩岸有必要建立協調統一的金融監管合作體系。

參、兩岸金融合作面對新的發展機遇

一、福建自貿區建設為推動兩岸金融合作創設先機

福建自貿區發展的《總體方案》共提出43項金融開放創新任務，其中，牽涉兩岸金融合作的政策多達18條。隨著先試先行的惠台金融措施的落實，兩岸金融合作將迎來新的發展商機。

（一）放寬人民幣業務的經營範圍

為提供台資銀行更為寬鬆便利的運營環境，《總體方案》提出，在對台小額貿易市場設立外幣兌換機構；允許自貿試驗區銀行業金融機構與台灣同業開展跨境人民幣借款等業務，支援台灣地區的銀行向自貿試驗區內企業或項目發放跨境人民幣貸款；研究探索台灣地區的銀行在自貿試驗區內設立的營業性機構一經開業即可經營人民幣業務。相關統計資料顯示：截至2015年7月，已有24家台資銀行與廈門16家銀行簽訂人民幣代理清算協定，並開設40個人民幣代理清算帳戶，累計清算357億元人民幣。另外，中國建設銀行、中國農業銀行、平安銀行等三家銀行的總行已分別在廈門成立「對台人民幣清算中心」。

（二）放寬對台資的限制，降低台資金融機構准入門檻

為推動對台金融市場開放，《總體方案》特別訂定多項開放措施，進一步降低台資金融機構的准入門檻，放寬台資的持股比例限制：(1)台資金融機構可參照中國大陸申請設立支行相關規定，設立異地支行。(2)允許自貿區內大陸的商業銀行從事代客境外理財業務時，可以投資符合條件的台灣金融產品；允許台資金融機構以人民幣合格境外機構投資者方式投資自貿試驗區內資本市場。(3)允許符合條件的台資金融機構按照大陸有關規定在自貿試驗區內設立合資基金管理公司，台資持股比例可達50%以上。(4)允許符合設立外資參股證券公司條件的台資金融機構按照大陸有關規定，在自貿試驗區內新設立兩家兩岸合資的全牌照證券公司，大陸股東不限於證券公司，其中一家台資合併持股比例最高可達51%，另一家台資合併持股比例不超過49%，並取消大陸單一股東須持股49%的限制。(5)針對兩岸金融合作糾紛建立健全多元化的解決管道。

（三）改善營商環境，推動閩台間投融資合作

由於營商環境的侷限，與長江三角洲、珠江三角洲等地區相比，福建省對金融資源的集聚與輻射能力不足。為推進閩台投融資合作，福建自貿區內採取一系列改善營商環境的舉措。首先，轉變政府職能，深化行政管理體制改革。福建省按照國際化、市場化、法治化要求，加快推進政府管理模式創新，將經濟社會管理權限全部下放給自貿試驗區，並依法公開管理權限和流程；其次，改革外商投資管理模式，放寬外資准入。探索對外商投資實行准入前國民待遇加負面清單管理模式。減少和取消對外商投資准入限制，提高開放度和透明度，完善投資者權益保障機制，允許符合條件的境外投資者自由轉移其合法投資收益；再次，改革境外投資管理方式，構建對外投資促進體系。支援自貿試驗區內企業和個人使用自有金融資產進行對外直接投資、自由承攬項目。建立對外投資合作「一站式」服務平台，加強境外投資事後管理和服務，完善境外資產和人員安全風險預警和應急保障體系。

（四）簡化兩岸人員往來手續，為兩岸民眾交流創設便利

為便利兩岸人員往來，在福建省自貿試驗區內實施更加便利的台灣居民入出境政策。對在自貿試驗區內投資、就業的台企專家、高管和技術人員，在申報項目、入出境等方面給予特殊便利；放寬自貿試驗區內台企外籍員工的簽證、居留許可有效期限，為其辦理就業許可手續提供便利；對自貿試驗區內符合條件的外籍員工，提供入境、過境、停居留便利；推動廈門—金門、馬尾—馬祖遊艇、帆船出入境簡化手續；加快落實台灣車輛在自貿試驗區與台灣之間進出境的便利政策，簡化臨時入境車輛牌照手續，推動實施兩岸機動車輛互通和駕駛證互認。[3]

---

[3] 《中國（福建）自由貿易試驗區總體方案》，中證網，http://www.cs.com.cn/xwzx/hg/201504/t20150420_4691461.html，2015年4月20日。

二、「海上絲綢之路」建設拓寬兩岸金融合作空間

　　「海上絲綢之路」建設堅持共商、共建、共享原則，透過實現沿線國家與地區間的互聯互通，從而使各經濟體間的聯繫更加緊密，互利合作朝向新的歷史高度發展。「海上絲綢之路」戰略的落地實施，將催生大量跨境投資、貿易結算、貨幣流通等金融需求，為深化兩岸金融合作提供廣闊的發展空間。

（一）區域內旺盛的資金需求，為推進兩岸金融合作創新提供新機

　　基礎設施互聯互通是「海上絲綢之路」建設的優先領域，既包括沿線國家與地區間的交通道路、油氣管道、港口以及通信線網等基礎設施建設，又包括關鍵通道上的商貿物流中心建設等。這些跨境項目資金需求量巨大，據亞洲開發銀行估計，「海上絲綢之路」未來十年的基礎設施投資需求將達8萬億美元。[4] 另外，隨著沿線國家與地區合作的推進，貿易與投資規模不斷擴大，對資金的需求將不斷增加。「海上絲綢之路」沿線的國家與地區大都是新興經濟體，資本市場發展緩慢，存在巨大的資金需求缺口。龐大的資金缺口，為沿線金融創新與合作，提供新的發展機會。

　　兩岸金融業合作具有很強互補性。台灣金融業起步較早，在人才、技術、創新等方面具有多重優勢，但是島內市場飽和、競爭激烈，需要向外拓展。與台灣相比，儘管大陸金融業發展較晚，但是其龐大的市場規模、較高的盈利水準以及強勁的發展後勁可以彌補台灣市場發展的侷限。因此，面對「海上絲綢之路」龐大的資金缺口，深化兩岸金融合作，最大限度挖掘區域內潛在的金融需求，在風險管控、產品創新、資金結算、授信管理等領域團結協作，共同尋找新的利潤增長點，將不斷提升國際競爭力與影響力。

---

[4] 「中國經濟升級版：一路一帶投資需求達8萬億美元」，環球網，http://finance.huanqiu.com/hongguan/2014-11/5195772.html，2014年11月8日。

（二）人民幣國際化進程的加速，為深化兩岸金融合作提供便利

在「海上絲綢之路」建設中，大陸在基礎設施建設、製造業、資金供給等方面具有明顯的競爭優勢，為大陸企業和投資提供「走出去」的機會。隨著大陸貿易投資規模不斷擴大，沿線各國與地區對於人民幣的支付和結算需求將會不斷增加，助推人民幣國際化進程。另外，大陸在提出區域全面經濟夥伴關係框架協定（RCEP）和亞太自貿區（FTAAP）等構想後，相繼與澳大利亞、東盟、韓國等達成自貿協議，為沿線沿路構建人民幣貿易圈與人民幣貨幣區創造優越條件。目前大陸已與俄羅斯、白俄羅斯等多個國家簽署一般貿易本幣結算協定；與哈薩克、烏茲別克等國家簽署雙邊本幣互換協定；與15個國家和地區建立人民幣清算安排，並已經形成香港、新加坡、倫敦、多倫多等多個人民幣離岸市場。[5]

由此可見，依托「海上絲綢之路」建設，推動人民幣國際化，將成為沿線沿路經濟一體化發展的必然趨勢。大陸作為台灣的第一大交易夥伴，對台貿易有著長期順差。人民幣國際化進程的加速，將為台灣建立人民幣離岸金融中心以及深化兩岸金融合作提供更多便利。

（三）福建省「海絲」核心區建設，有助於閩台金融合作平台的搭建

由國家發展改革委、外交部、商務部聯合發布的《推動共建絲綢之路經濟帶和21世紀海上絲綢之路的願景與行動》中提出，支持福建建設為21世紀海上絲綢之路核心區。在「海上絲綢之路」重點布局的15個港口中，福建省占據三席（福州、廈門、泉州）。由福建省發改委牽頭制定的《福建省建設21世紀海上絲綢之路核心區實施方案》表示，福建省將發揮沿海城市的港口優勢，積極打造海上合作戰略支點。並將加快落實重大基礎設

---

[5] 「美元暗淡，人民幣國際化加速」，中證網，http://www.cs.com.cn/hw/rmbdt/201506/t20150616_4736383.html，2015年6月16日。

施項目建設、促進設施間互聯互通、加強投資貿易合作、拓展海洋合作與深化人文交流等五項重點工作。

　　與長三角、珠三角等地區相比，福建省基礎設施建設不足、經濟腹地狹小、產業轉型滯後。因此，隨著「海絲」核心區建設的推進，區域內基礎設施建設以及貿易投資的增加將產生巨大的資本需求。台灣與福建僅一水之隔，台灣金融發展擁有先進技術與經驗，因此，面對「海絲」核心區建設不斷增加與變化的金融需求，可以透過強化閩台金融合作，共同打造推動「海絲」核心區建設的金融服務平台，既能提升「海絲」核心區的金融發展水準，又能推動兩岸金融合作。

肆、兩岸金融合作面對新挑戰

　　在福建自貿區與「海上絲綢之路」建設的背景下，兩岸金融合作在迎來了新的發展契機的同時，也面對著一系列挑戰。

一、《服貿協議》難以通過，兩岸交流停擺

　　2016年台灣島內「大選」結果是支持《服貿協議》的國民黨下台、在「立法院」不到三分之一的席次，從此無法再推動該法案在「立法院」通過。反對《服貿協議》的民進黨及其盟黨勝出，從目前民進黨的政治立場看，《服貿協議》很難在「立法院」通過。而從蔡英文執政團隊上台施政情況看，由於執政的民進黨不認可「九二共識」，兩岸官方交流已經停擺，顯然今後要推動兩岸金融合作已經不太可能，更遑論《服貿協議》的通過。

二、福建自貿區引入台資，面對其他省分的「分流」壓力

　　福建自貿區的建立為深化閩台金融合作帶來諸多優惠與便利，但是由

於其自身發展存在的不足，使得其在引入台資方面仍然面對被其他省分「分流」的壓力。

　　與長三角、珠三角等地區的城市相比，福建省基礎設施建設不夠完善、區域經濟總量低、產業基礎薄弱、專業人才較為缺乏，對外資的凝聚與輻射能力較弱，在吸引外資方面不具備相對優勢。據台灣「經濟部投資審議委員會」統計資料顯示，2008至2013年福建省引入台資的規模落後於江蘇、上海、廣東三地。其中，2009年與2011年，浙江省與四川省吸引台資的規模也分別超過福建。另外，隨著上海、天津、廣東自貿區的建設發展，投資軟、硬環境將會得到進一步優化，以及大陸在2016年新增的七個自貿區，從而使得在引入台資方面，福建省面對的「分流」壓力日益加劇。

三、「海上絲綢之路」沿線政治動盪不安、金融力量不足，投資風險較高

　　「海上絲綢之路」處於東西方多個文明交會的地區，由於沿路各國與地區間信仰、民族以及種族不同，使得區域內政治動盪不斷發生。特別是「海上絲綢之路」覆蓋的東南亞、南亞、中亞、西亞和中東歐是政治角力的焦點，區域內領土爭端、外交矛盾、各種教派與民族間的衝突、海盜襲擊等問題不斷發生。同時，沿路各國不同程度受到恐怖主義、民族分裂主義和宗教極端思想的影響，存在各種類型的恐怖組織和極端組織，對其政治穩定與安全構成威脅。地緣政治動盪與極端、恐怖組織所帶來的政治安全威脅，增加沿路沿線的投資成本與風險。

　　另外，「海上絲綢之路」沿線多為經濟欠發達的國家與地區，金融力量相對不足。一方面，在基礎設施建設與能源開發等領域，政府財力有限，能夠引入的外資有限，均存在資金需求量大、投融資期限較長與未來收益不確定等問題，因此，投資風險較高；另一方面，目前區域內跨境金

融合作，主要是為防範金融危機衝擊而進行的貨幣互換合作，以及主要集中於能源領域的借貸業務，缺乏有效的多邊合作框架，增加了開展跨境金融業務的風險。

伍、深化兩岸金融合作的可行路徑探討

在「海上絲綢之路」戰略背景下，借道福建省自貿區建設的契機，進一步深化兩岸金融合作，主要可採取如下路徑：

一、建立兩岸金融合作實驗區，打造對台金融服務平台

鑑於兩岸關係發展的複雜性，實現兩岸金融全方位合作尚有難度。福建作為對台的前沿窗口，以惠台為重任的自貿區建設與「海絲」核心區的運行相輔相成，因此，建立福建省為兩岸金融合作先行先試實驗平台，將大有可為。

（一）優化基礎設施建設，健全人才培養機制

基礎設施建設薄弱與專業人才缺乏，是制約閩台金融合作的關鍵要素。深化閩台金融合作，需要及時開展福建對台以及內陸其他省市間的基礎設施協調銜接工作，實現交通、電力、通訊等的互聯互通，擴大經濟腹地，吸引台資集聚。另外，建立人才教育培養基地，加強本地專業人才的培養；制定優惠政策，吸引並留住外來人才；透過開展課題聯合攻關與各種主題培訓，加強閩台間人才交流溝通。

（二）提升政府工作效率，落實各項優惠政策

提升福建省政府工作效率，明確組織目標、科學劃分權責範圍，建立健全相關監督機制，確保各項惠台舉措的落實。首先，轉變政府職責，將

管理權限下放至自貿區，實現管理權限與職責的公開化與透明化；其次，切實放寬外資准入門檻，並建立「一站式」服務平台，高效台商入閩投資審批手續；最後，完善投資者權益應急保障機制，及時解決台商在閩投資經營所遇到的問題。

（三）推進廈門兩岸區域性金融合作中心建設

對台原是廈門的特色，但是受到經濟腹地小等因素的制約，廈門並未成為台資金融機構最重要的聚集地，為推進廈門兩岸區域性金融合作中心建設，需做好以下幾項工作：爭取並落實特殊優惠政策，鼓勵台灣金融機構進駐廈門；大力推動對台貨幣合作，打造兩岸金融貨幣合作平台；結合台商數量多與台資金融機構聚集的特點，建立多層次資本市場合作體系。

（四）強化金融服務創新，提升對台資吸引力

鼓勵在實驗區內加大金融業務與機制創新力度，提升對台資吸引力。根據台資企業的特點和需求，支援銀行、證券、保險、基金等機構為其定制個性化的金融產品；針對台資企業，在信用評級、貸款授信、貸款擔保等方面大力進行制度創新；支持金融機構積極拓展科技金融、互聯網金融等創新領域，不斷完善對台金融服務體系。

二、推動改革創新，建立綜合性金融合作體系

兩岸金融目前仍處於合作的初級階段，面對「海上絲綢之路」沿線國家與地區間的地緣政治動盪與金融發展不足等問題，深化兩岸金融合作亟需推動改革創新，建立結算、投資、風險管理等相配套的綜合性金融合作體制。

其一，統一兩岸金融技術標準，實現業務無縫對接。首先，兩岸各自成立金融業技術標準化工作小組，透過積極開展兩岸在基礎科學與高新技

術等方面的研討與交流，共同探索創立統一技術標準；其次，以實現兩岸金融業務無縫對接為目標，參考先進國家與地區的技術標準並結合兩岸金融發展現狀，分別針對機構分類、業務名稱、統計口徑、監管準則、金融法規與技術資格認定等內容，編寫制定規範兩岸金融業務的「共通標準」；最後，成立兩岸技術標準合作組織，針對互認標準所存在的問題，及時組織專家解決。

其二，加快兩岸貨幣互換協定的簽署，為深化兩岸經貿合作提供便利。隨著兩岸經貿往來的日益密切，貿易量不斷增加，借用美元進行兩岸貨幣清算越來越不便利。兩岸貨幣互換協議（SWAP）的簽署，一方面，可以實現人民幣與新台幣的直接兌換，減少匯兌損失，從而降低兩岸貿易成本，推動兩岸經貿合作的增加。另一方面，兩岸貨幣協議的簽署還可以增進兩岸貨幣的流動性，有效降低金融危機衝擊的風險，有助於建立起更為穩定的合作關係。因此，推進兩岸貨幣互換協定的簽署進程，將為深化兩岸經貿合作營造良好的貨幣環境。

其三，強化兩岸金融監管合作，構建多層次監管合作體系。一是積極推動MOU和ECFA內容得以落實，加強監管合作，提高市場監管公信力；二是強化兩岸金融監管部門之間的溝通聯繫，建立健全兩岸金融監管協調機制。協調完善金融監控指標，制定風險應急處置預案，及時防範與化解風險；三是兩岸金融監管部門聯手打擊信用欺詐、地下錢莊等違法犯罪行為，共同維護兩岸穩定的金融秩序。

三、拓寬兩岸金融合作領域，助推實體經濟發展

目前，兩岸金融合作滯後於實體經濟發展，隨著「海上絲綢之路」戰略的實施，為推動實體經濟發展，兩岸金融應拓寬合作領域。

第一，順應互聯網金融發展潮流，積極推進兩岸在互聯網金融領域的合作。互聯網金融發展已經呈現出全球化趨勢，跨境電商已經成為「海上

絲綢之路」建設中新的發展重點。兩岸融入「海上絲綢之路」建設，都離不開互聯網金融的支援，尤其是兩岸間的物流、資訊流以及資金流的配置，都將透過跨境電商實現最大化。因此，深化兩岸金融合作，需順應互聯網金融發展的潮流，積極推動互聯網金融領域的深度合作，共同推動跨境網銀、跨境電子商務支付等領域的業務創新，以及在網路金融安全方面的合作。

第二，加速「滬台通」、「深台通」運作機制，活絡兩岸資本市場。「滬港通」的啟動，實現大陸與香港資本市場的相互開放，增加兩地民眾的投資機會，並帶來陸股、港股的高漲。兩岸三地共有上海、深圳、香港與台北四個證券交易所，市場交易規模大，日成交值約為兩萬億元人民幣，如果能夠實現相互間股市的互聯互通，將會建成全球最大的證券交易市場。目前「滬港通」已經實現、「深港通」即將啟動，因此，面對「海上絲綢之路」區域內龐大的資金需求，加速「滬台通」、「深台通」的運作機制，將會創造出巨大的投融資空間，促進兩岸資本市場的共同繁榮與發展。

第三，大力推進兩岸在人民幣國際化問題上的合作力度。在「海上絲綢之路」建設背景下，深化兩岸金融合作，推進人民幣國際化：首先，參考香港經驗，逐步建設台灣為人民幣離岸金融中心；其次，圍繞「海上絲綢之路」建設的需求，加強兩岸與各主要國際金融中心的合作。在合作過程中，盡力提高人民幣使用份額，擴大人民幣使用規模；再次，大力開展與金磚銀行、亞投行、絲路基金等多邊金融機構合作。透過成立人民幣特別基金、人民幣援助貸款、人民幣銀團貸款等途徑提供人民幣資金，特別是在以大陸為主導的多邊金融機構中，優先開展人民幣業務，提升人民幣使用效力。

四、落實各項既定政策，加強對接工作

2010年6月29日，兩岸簽署《海峽兩岸經濟合作架構協議》（ECFA），並承諾開放金融服務業，明確早期收穫階段兩岸金融服務業的具體開放措施，為兩岸互設銀行機構、開展相關業務鋪平了道路。續ECFA後商談的四個單項協定，《海峽兩岸投資保護和促進協議》、《海峽兩岸服務貿易協議》分別於2012年與2013年簽署，《海峽兩岸貨物貿易協議》和《海峽兩岸爭端解決協議》仍未簽訂。由此顯示，雖然兩岸金融合作的制度性框架已基本建立，但是由於實際操作過程中牽涉到的因素比較複雜，其落實需要兩岸業界協商制定出一套具有兩岸特色的操作規則。為突破此一瓶頸，一方面需要兩岸相關方面針對方案落實的操作規則，進行反覆磋商、研議；另外，兩岸業界可轉而協商爭取與金融業有關的協議條文，從協議架構中抽離，先行洽簽中程協議，予以優先推動實施。

參考書目

《中國（福建）自由貿易試驗區總體方案》，中證網，http://www.cs.com.cn/xwzx/hg/201504/
　　t20150420_4691461.html，2015年4月20日。

《中國統計年鑑》（2009-2015年）。

「中國經濟升級版：一路一帶投資需求達8萬億美元」，環球網，http://finance.huanqiu.com/
　　hongguan/2014-11/5195772.html，2014年11月8日。

「台灣兆豐金控董事長蔡友才：兩岸金融合作更上層樓」，中國經濟網，http://finance.ce.cn/
　　rolling/201504/23/t20150423_5187899.shtml，2015年4月23日。

「美元暗淡，人民幣國際化加速」，中證網，http://www.cs.com.cn/hw/rmbdt/201506/
　　t20150616_4736383.html，2015年6月16日。

論 壇 22

大陸自由貿易區發展與兩岸互動：機會與挑戰

主　　　編	陳德昇	

發　行　人	張書銘	
出　　　版	**INK** 印刻文學生活雜誌出版有限公司	
	新北市中和區中正路800號13樓之3	
	電話：(02) 2228-1626	傳真：(02) 2228-1598
	e-mail：ink.book@msa.hinet.net	
	網址：http://www.sudu.cc	
法 律 顧 問	巨鼎博達法律事務所 施竣中律師	

總　經　銷	成陽出版股份有限公司	
	電話：(03) 358-9000（代表號）	傳真：(03) 355-6521
郵 撥 帳 號	19785090 印刻文學生活雜誌出版有限公司	
製 版 印 刷	海王印刷事業股份有限公司	
	電話：(02) 8228-1290	

港澳總經銷	泛華發行代理有限公司	
地　　　址	香港新界將軍澳工業邨駿昌街7號2樓	
	電話：(852) 2798-2220	傳真：(852) 2796-5471
	網址：www.gccd.com.hk	

出 版 日 期	2017年06月 初版
定　　　價	280元

ISBN　978-986-387-169-9

國家圖書館出版品預行編目（CIP）資料

大陸自由貿易區發展與兩岸互動：機會與挑戰 / 陳德昇主編.
-- 新北市：INK印刻文學, 2017.06
　　224面；17×23公分. --（論壇；22）

　　ISBN 978-986-387-169-9（平裝）

　　1.兩岸經貿　2.區域經濟　3.文集

558.5207　　　　　　　　　　　　106007423